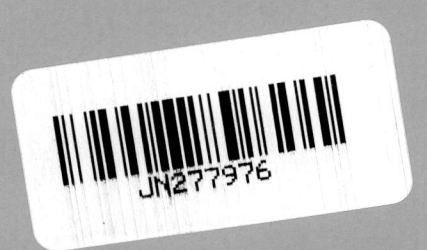

入門

コスト感覚を
鋭く磨く!

原価のしくみと計算がわかる本

木村典昭 著

かんき出版

まえがき

本書は、原価計算についての入門書です。あらゆるレベル、セクションの人を対象に業種・商品別の事例を挙げ、わかりやすく解説しました。

原価計算は一見地味な内容と考えられがちですが、ビジネス社会で不可欠な知識です。経理や製造部門の人だけでなく、経営者はもちろん、営業などすべてのセクションの人たちが身につけておくべき知識です。

世の中には「原価計算」の書籍は数多くありますが、実はわかりやすい入門書はあまりありませんでした。

そこで、理解を助けるための図表を多く入れ、身近な業種・商品の事例を多く挙げてやさしく解説したのが、本書です。

筆者は、2004年に「〈実践〉原価計算」（かんき出版）を刊行し、その後セミナーで拙著を解説する機会が何回かありました。そこで気づいたことは、原価に関係する用語は、定義を完全に理解するべきものでなく、その用語を使う箇所がどこか判ってしまえば良い、ということでした。

本書でも原価に関する用語については、無理に定義することはしていません。さまざまな事例のなかで繰り返し使っていますので、本書を読み終えたときに、それが頭に残るようにしたつもりです。

※　※　※　※

プロローグは、身近な例から原価を扱うシーンを考えるという導入部分になります。とっつきにくいと思っていた方も、意外とかんたんに読みはじめることができるのではないでしょうか。

第１章は、原価計算を考えるための基礎知識になります。原価に関連した用語を説明して、業種ごとの原価構成の差を見ていただくことで、原価の全体像を把握してもらえるようにしました。また決算書との関係について述べていますが、苦手な方は飛ばして読んでいただいてかまいません。

第2章は、製造原価の個々の項目について説明しています。いろいろな計算方法があるわけですが、個々の方法を覚えていただく必要はありません。みなさんの会社で使っている方法があれば、それとの比較で考えてみてください。

第３章は、第２章とちがった見方で原価を説明しています。いろいろな言い方があって戸惑うかもしれませんが、第２章で説明したものと別のものではなく、分類方法を変えただけと言ってもよいでしょう。

第4章は、本書の中心部分です。「大量生産品と受注生産品では原価計算が異なる」ということが一番理解していただきたいことです。これを繰り返し説明しています。

第５章と第６章は、会社の採算を考えてみるための章です。この２つの章は別のものではなく、２つの章で損益分岐点計算をトータルに把握できるようにしています。ぜひ電卓を用意して、実際に手を動かして理解を深めてください。

第7章は、今後実際にコストダウンに取り組み方のための章です。会社全体を見る経営分析の考え方について説明しています。

※　※　※　※

本書を手に取ることで、読者の皆さまが原価計算へ興味を持ち、他の書籍やセミナーからの知識を吸収するようになり、それがビジネス活動の一助になるのであれば、望外の喜びです。

なお、第7章の指標値については、主に「中小企業の原価指標」（中小企業庁編）によりましたが、この指標は現在公表されなくなりCRD（中小企業信用リスク情報データベース）に代替されています。これについては、また別にお話する機会があるかもしれません。

2006年9月

木村 典昭

本書を読んでいただきたい方

- ◉コストダウン活動にたずさわっている方
- ◉入社したばかりの新人ビジネスマン
- ◉経理部にはじめて配属された方
- ◉工場の製造部門に配属された方
- ◉製造、営業、管理、研究開発の各部門の管理者
- ◉原価計算部門の担当者
- ◉小さな会社の経営者

〈入門〉

原価のしくみと計算がわかる本

コスト感覚を鋭く磨く！

〈目次〉

〈入門〉原価のしくみと計算がわかる本

目　次

第１章　原価の見取り図はこうなっている

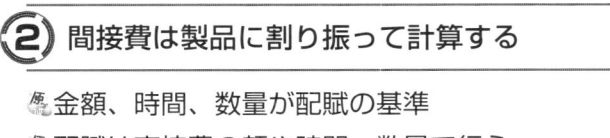

第5章 経営感覚でやってこそ原価計算は生きてくる

第6章 損益分岐点分析とはどういうものか

プロローグ

原価とは何だろう？

1 「採算はどうか?」がはじめの一歩

たまごの原価はいくらだろう？

原価ってなんでしょう？　右の図はある養鶏場で昨日出荷したばかりの鶏卵です。

このたまご１個当たり10円で出荷したけれど、どれくらい出費したのだろうか？　採算がとれているのだろうか？——というのが原価における最初の問題意識です。

たまごの原価は、たまごを産むニワトリ代、えさ代、養鶏場の土地の地代、たまごを入れるパックや段ボール箱などです。また養鶏場で働く作業員の給料もかかります。

さらに養鶏の鶏舎を建てた際に銀行から借りたローンもあります。暖房のための燃料費、水道光熱費なども必要ですね。スーパーに配送する運賃もあります。

これらすべての費用をあわせると24万円でした。集荷したたまごは１日1000個であったので、月間で30000個になりました。

つまり原価はつぎのようになります。

24万円　÷　30000個　＝　８円

このたまご１個当たりの原価は８円、売価が10円のため、１個当たりの利益は２円ということになります。

 ＝ 10円の原価は？

全費用　　出荷個数

24万円 ÷ 30,000 ＝ 8円

2 「どんぶり勘定」とは原価の問題

勘の商売では黒字か赤字かわからない

ある銘菓店では和菓子の製造をする一方、洋菓子の仕入れもしています。お店のおかみは、どうも原価のしくみがわからなくて、仕入品の売価は何でも原価の倍がけ、製造の場合は材料費を２割という目安で、いつも考えています。

おかみは、こんなあてずっぽうの経営を自分の経営センスだと勘違いしているのです。こんな調子ですから毎年、決算まで、黒字か赤字かわかりません。

さて、このお店は百貨店にもテナントで入っていて、百貨店の担当者は、バーゲンのたびに「特別価格で商品提供してください」と言ってきます。

担当者に直接頼まれ、いまひとつ売上が伸びないことを責められると、つい百貨店の言いなりになってしまいます。今回も和菓子を４割引にしてしまいました。

しかし、割引をする際には彼女なりの読みがありました。
「確かにこれでは利益は出ないだろう。でも多く売れば、薄利多売で少しの利益は確保できるかもしれない……」

実際、安売りは好評で、売上高は２ケタ台の伸びでした。ところが、利益がともないません。

そこでおかみは、つぎの年は思い切った割引で、売上高

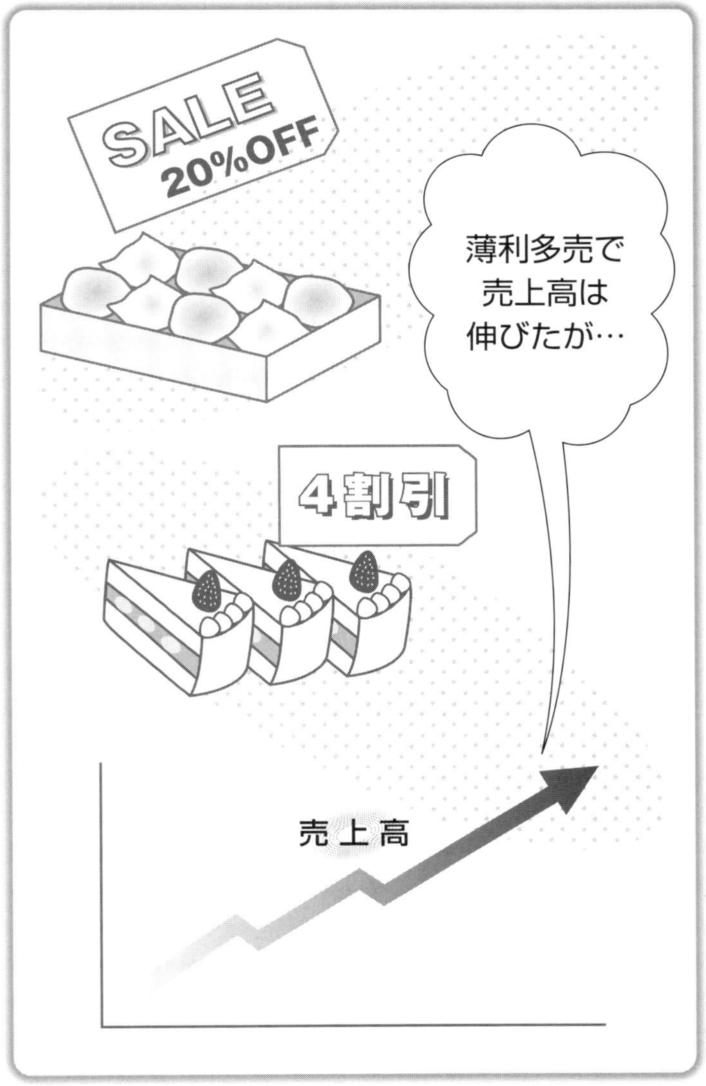
SALE
20%OFF
4割引
薄利多売で
売上高は
伸びたが…
売上高

を前年と比べて20％伸ばしました。

ところが決算をすると今度は赤字です。昨年に比べると、売上は３割以上伸びています。でも赤字になります。割引をしていると言っても、和菓子の売価は材料代の２倍以上、洋菓子は仕入れよりは２～３割高く売っているから大丈夫と、店長は考えていたのです。

割引が大きくなっても、数量を売れば、マイナスにはならない、というのがおかみのどんぶり勘定だったのです。

「薄利多売」がじつは「赤字多売」に

結局、この銘菓店のおかみは、原価というもののしくみがわかっていないのです。

製品は材料費や仕入れの費用だけではありません。人件費や販売費、管理費も必要です。さらに製造を大幅に増やすと、釜や冷蔵庫などの厨房設備も入れなくてはなりません。製造職人の増員、売場の派遣のパートの増員、配送のトラックや配送員の費用、催事販売でロス拡大など、売上拡大で増える新たな出費もあります。

こうしたことを計算に入れて、売価を決めないと大変なことになってしまいます。

原価の構成を無視した割引をすると、売れば売るほど赤字ということも起こります。この銘菓店の原価の構造は、「薄利多売」ならぬ『赤字多売』になっているのです。

この銘菓店の経営建て直しには、原価の把握と、売上、原価、利益の正しい管理が必要です。

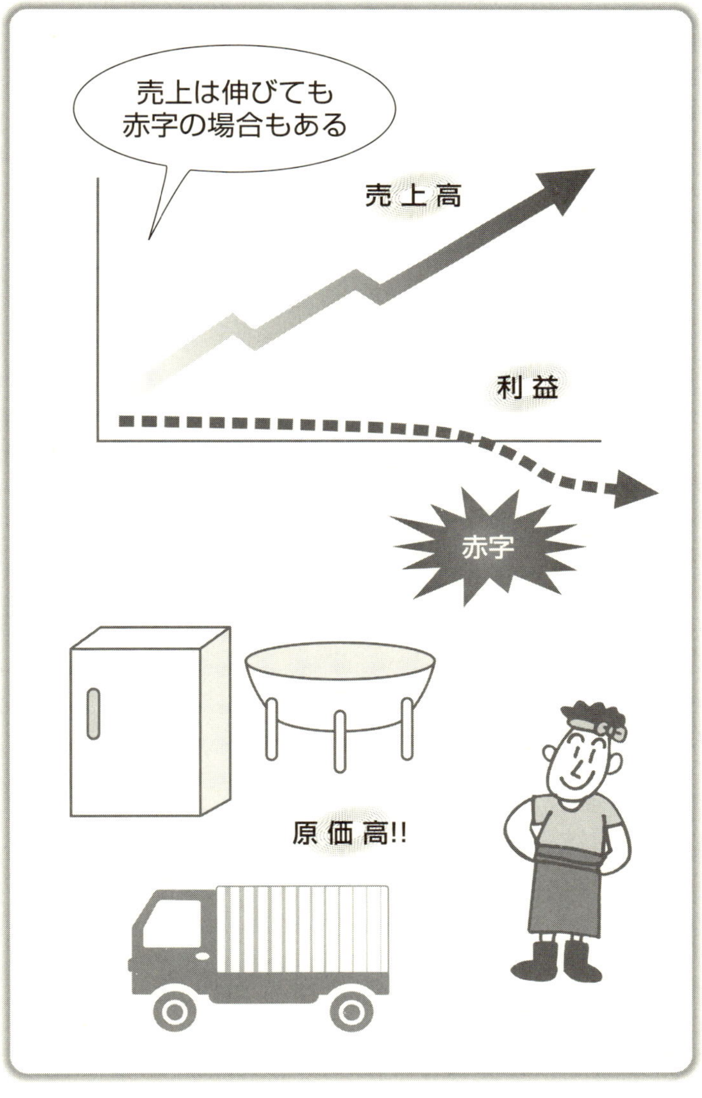
売上は伸びても
赤字の場合もある
売上高
利益
赤字
原価高!!

③ 販売の責任か？　製造の責任か？

販売努力が先か、コストダウンが先か？

　兄弟ふたりが、園芸店を共同経営しています。
兄は営業を担当、弟は温室の現場で、鉢植えや植木作りを担当しています。
　ところが、最近、毎月赤字で、ふたりの口論が絶えません。
　売値は相場なのだから、利益が出ないのは、植栽の原価が高すぎるためだ、というのが兄の言い分です。
「競争相手の園芸店に勝つためには、そうそう高値で売ることができないじゃないか。もっとコストダウンに真剣に取り組んでもらわないとね……」
　これに対して弟も負けてはいません。
「コストダウンの努力はしているし、うちの花や植木は品質もいい。問題は営業に費用をかけすぎ、その割には商品が良いことを顧客にアピールできずに、安易に安売りしていることだ。赤字の責任は営業のほうだよ」
　営業と製造の責任のなすりあいは、あなたの会社にもあるのではないでしょうか？
　この園芸店の経営改善は、花や植木作りの原価と営業の原価をしっかり把握し、どちらに問題があり、どのように

コストダウンだ
営業努力だ

すればコストダウンができるかを見極めることでしょう。
口論を繰り返すよりも、まずふたりで園芸品の原価、営業費の中身を検討してみることです。

原価の把握なくしてビジネスはない

原価をめぐって、どこにでもある意見のくいちがいを見てきました。

現代社会はビジネス全盛の競争社会です。勘に頼った経営は、とても通用しません。

製造、販売、サービス、どのような業種にたずさわっていても、どのような商品を扱っていても、原価を無視できない時代です。

原価がわからなければ、ビジネスチャンスを逃したり、うっかり赤字の契約をしてしまうということにもなりかねません。

さらにビジネスである以上、どんな業種であっても、コストダウンは避けてとおれません。価格競争が当たり前の企業社会で、コストをおざなりにした会社は市場からいつか退場することになってしまいます。

さらに予算設定、販売契約、仕入交渉、利益管理、在庫管理、機械・装置の導入や設備投資、決算など、あらゆるビジネスの現場で、原価の把握、原価意識は問われてきます。

原価を抜きにした販売会議、製造会議、経営会議など意味がありません。

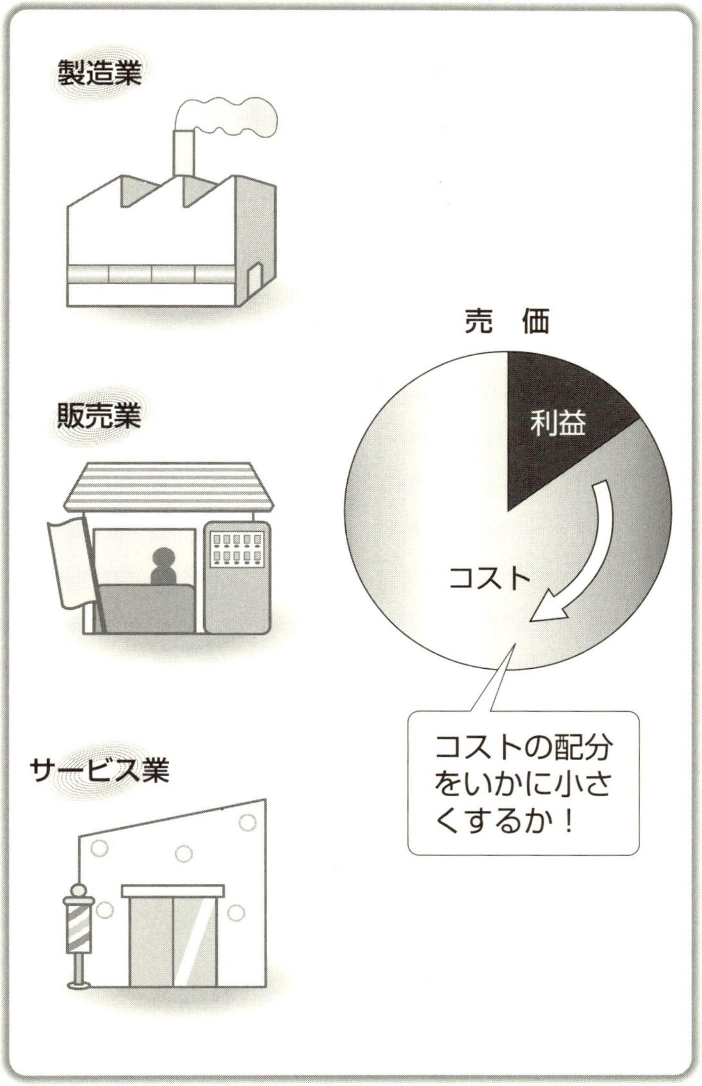
製造業
販売業
サービス業
売　価
利益
コスト
コストの配分をいかに小さくするか！

第1章

原価の見取図は
こうなっている

1 原価ぬきに会社は立ちゆかない

原価、費用、コストはどう違う？

原価の話には、いろいろ紛らわしい言葉が出てきます。なかでも困るのは、「原価」と「費用」の違いでしょう。あるときは原価と言いながら、同じものを費用という場合もあります。さらに「コスト」ということもあります。

まず、原価と費用のちがいは、製品が販売される前と後のちがいです。原価は、純粋にモノ作りのため（製造原価）にいくらかかるか、あるいは、かかったかを問題にしています。

それに対して費用は、収益をあげるためにモノを販売した結果、いくらかかったか、を問題にしているのです。利息や手形割引料なども含まれ、原価よりやや範囲が広いと言えます。

一方、コストは事業をしたとき、モノやサービスに使った金額全部を指しています。費用よりもさらに範囲は広くなります。

利益を出すために原価を知ろう

企業は、つぎのようなしくみでビジネスをしています。

収益－原価（費用）＝利益

会社を経営する以上、利益をあげなくては意味がありません。上の式でいえば、利益を大きくするには収益を大きくするか、費用（原価）を小さくするかのどちらかです。

つまり、会社経営にとって、原価（費用）をどのようにコントロールするかが大きな問題であることがわかると思います。コストダウンが会社で叫ばれるのはそのためです。

しかし、原価をそのまま眺《なが》めていてもコストダウンはできません。そこで、原価の中身を分析したり、タテ・ヨコ・ナナメから眺めて、グループ分けをしたりして、何をどうすればいいのを考えます。

こうした作業が原価の分析とか、原価計算ということになります。

原価計算がどのようなものか、についてはあとで触れることにして、ここではまず、さまざまな会社のビジネスにおける原価や費用の見取図を示しておきましょう。

会社のタイプで原価のしくみは３つある

会社は大きく分けて製造業・販売業・サービス業に分類できます。

製造業とはモノを作って利益を出している会社、販売業はモノを売って仕入れと売価の差で利益を出している会社、サービス業とはモノでなく、手間ひまを提供して、それで利益を出している会社をいいます。

３つの業種は、このような営業のあり方のちがいで、原価や費用の構成もちがっているのです。それぞれの業種の総原価、つまり原価（費用）のトータルは次のとおりです。

〔製造業〕 製造業の場合を見ますと、つぎのように製品を作るための費用として製造原価が中心となっています。

総原価　＝　製造原価＋営業費

〔販売業〕 販売業の場合はモノ作りでなく、商品を仕入れるので仕入原価がでてきます。

総原価　＝　仕入原価＋営業費

〔サービス業〕 さらにサービス業ではモノは売らず、サービスや手間だけ売るので、人件費が原価の中心になります。ただ、何がしかの材料を使うので、材料費という科目を立てる場合もあります。この人件費や材料費という科目は、本当は原価の科目では、小分類にあたるのですが、サービス業では例外的にそのまま使っているのです。

総原価　＝　人件費＋（材料費）＋営業費

ところで、３つの業種で共通しているのが営業費です。営業費は会社が営業を行うための費用で、販売のために必要な販売費と、会社の維持のために必要な一般管理費に分けられます。どの会社にも出てきますので、おぼえておきましょう。

営業費　＝　販売費　＋　一般管理費

会社経営でコストダウンは避けてとおれない

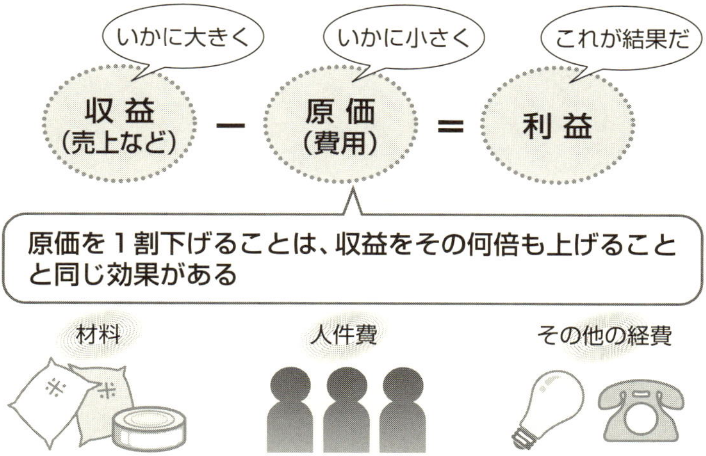

会社の３つのタイプで原価のしくみはちがっている

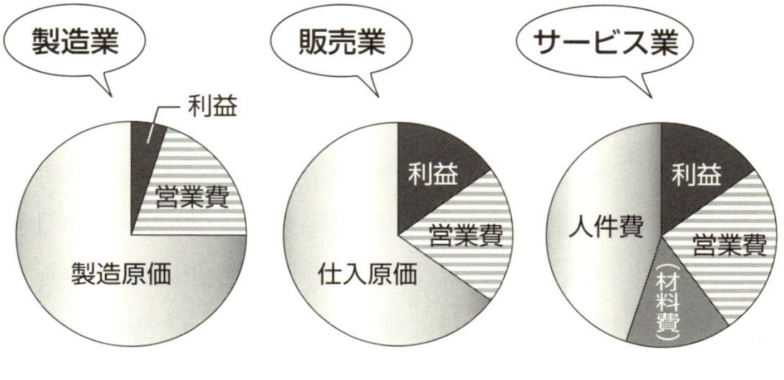

2 業種ごとに具体的な原価を見る

3つの業種の原価、費用を見てみよう

1節（P32参照）では製造業、販売業、サービス業などの原価・費用の見取図を見ました。この節では、業種ごとに具体的に原価がどうなっているか、をシミュレーションしてみましょう。

例として、3つの会社を見てみます。「Pベーカリー」はパンの製造業、ドラッグストア「Qチェーン」は薬・衛生材料の販売業、「R美容室」はヘアケア美容のサービス業です。

それぞれの会社の原価はつぎのように考えます。

パン屋、ドラッグ、美容室の原価のしくみ

パンメーカー「Pベーカリー」は製造業なので中心的な原価はパンを作るための製造原価です。あとで見ますが、製造原価のうちわけには材料費、労務費、経費があります。具体的にどのようなものなのか、つぎの例でわかると思います。

・**材料費**――小麦粉・たまご・ミルク・バターなど、パンを作る場合、直接、材料になるものです。

・**労務費**――製造のための人件費です。パン職人の給料、

あるいはパートのおばさんのパート代、このほかボーナスなども含まれます。
・**経費**——製造に必要な原価のうち、材料費・労務費以外のものです。わかりやすいのは水道光熱費・洗剤・道具類などですが、パン工場の建物やパン釜などに使った費用も、実はこれに含まれ、減価償却という按分の方法で、経費として立てられます。

以上の全部が製造原価です。ただし、あくまで製造のために使う費用・コストだということが前提です。

ドラッグストア「Ｑチェーン」は、薬や衛生材料をメーカーから仕入れて販売しています。販売業の中心の原価は、商品の仕入原価です。
・**仕入原価**——薬・衛材の仕入れで、製薬会社や薬問屋、衛材会社などに支払う代金です。

「Ｒ美容室」はモノを売っているわけでなく、パーマ、カット、ヘアカラーなどのヘアケアサービスを提供しています。こうしたサービス業の中心となる原価はサービスのための人件費です。
・**人件費**——美容師の給料・賞与などです。

営業費はすべての業種に共通

最後に３つの業種で共通の費用が、営業費である販売費と一般管理費です。販売費は販売のため、一般管理費は会社の維持、一般管理のための費用です。具体例で見るとつぎのようになります。

〈販売費〉

Ｐベーカリー：営業マンの給料・配送車のガソリン代。

Ｑチェーン：店員の給料・店の光熱費・店の家賃。Ｒ美容室：広告・宣伝のためのチラシや看板の費用など。

〈一般管理費〉 Ｐベーカリー・Ｑチェーン・Ｒ美容室の総務・経理担当者の給料、本社や本部の家賃・諸費用など。

営業費は販売費と一般管理費に分けられる

つまり、販売費の主なものは、製造以外で販売のために向けられた人件費、販売のためのお店の家賃、同じく光熱費、広告宣伝費などです。

これに対して一般管理費は、製造でも販売のためでもない、総務や経理、管理の人たちの人件費、さらに販売活動をしていない本社の家賃や諸費用ということになります。

以上は原価・費用の代表的な例で、必ずしもすべてをあげたわけではありません。とりあえずここで大切なのは、製造原価とは製造のために、仕入原価とは仕入れのために、営業費は会社の営業活動のためのものだということです。

さらに営業費のうち販売費とは販売のために、一般管理費とは会社の維持や管理のために使う費用だということを頭に入れてください。

詳しくはあとで触れますが、人件費や、通信費、光熱費など、同じ科目でも、それが使われるのが、製造か販売管理のためかで、製造費、販売費、一般管理費などに組み入れられることに注意してください。

営業費はどの業種にも出てくる

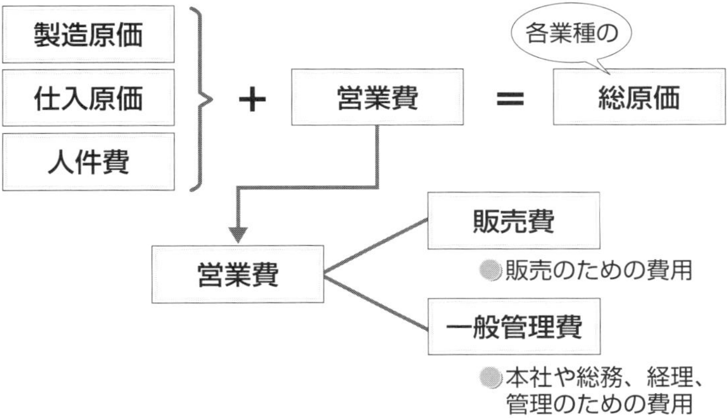

３つの業種の原価の実際

パンメーカーの原価　（製造業）

製造原価のみ

材料費	小麦粉、たまご、ミルク、バターなど
労務費	パン職人、パートの給料、ボーナス
経　費	水道、電気、ガス、電話などの料金。装置、機械の費用の一部

ドラッグストアの原価　（販売業）

仕入原価	クスリ、衛材、トイレタリー商品などの仕入費用など
営業費	広告・宣伝費、店舗の費用、店員の人件費、総務・経理の人件費、費用

美容室の原価　（サービス業）

人件費	美容師の給料、ボーナス
材料費	パーマ剤、ヘアカラー剤などの費用
営業費	店舗の費用、広告・宣伝費、総務・経理の人件費、費用

③ 決算書（P／L）と原価の関係は?

決算書はすべて原価と密接に関係している

会社の決算書は１年とか半年の間に、その会社がどれだけ売上を上げ、費用を使い、その結果、どれだけ利益を上げたかを示すものです。

こうした決算書には、会社の仕事で使われた原価や費用がでてきます。ですから、原価と決算書は密接なかかわりをもっていることになります。

決算書は大きく分けて、下記のように損益計算書（P／L）と貸借対照表（B／S）の２つがあります。また、P／Lに含まれているのですが、製造業の場合は、別に製造原価明細書というものがあります。

決算書
- 損益計算書（P／L）
  - 製造原価明細書
- 貸借対照表（B／S）

損益計算書（P／L）の仕組みは次のようなものです。

・P／L……………収益　－　費用　＝　利益

つまり、P／Lでは売上などから費用を差し引き、どれだけの利益が出たかを見ます。この費用は大体のところ原

損益計算書(P/L)に出てくる原価

損益計算書(P/L)

(自 平成○年○月○日　至 平成○年○月○日)

Ⅰ 売　上　高	××××
Ⅱ **売　上　原　価**	××××
売　上　総　利　益	×××
Ⅲ **販売費および一般管理費**	×××
Ⅳ 営 業 外 収 益	×××
Ⅴ **営 業 外 費 用**	×××
経　常　利　益	××
Ⅵ 特　別　利　益	×
Ⅶ **特　別　損　失**	×
税引前当期純利益	××
法人税等充当額	××
当　期　純　利　益	××

- 売上原価：製造業では製造原価、販売業では仕入原価
- 販売費および一般管理費：あわせて営業費と呼ぶ
- 営業外費用：営業活動以外の費用
- 特別損失：予想外の費用で原価の対象外

損益計算書(P/L)と製造原価明細書の関係

損益計算書

Ⅰ 売上高
Ⅱ 売上原価
　1 製品商品仕入高
　2 当期商品仕入高
　3 当期製品製造原価 → 製造原価明細書
　4 製品商品期末棚卸高
Ⅲ 販売費および一般管理費
　営業利益
Ⅳ 営業外収益
　受取利息
　——
　——
　——
　——

製造原価の内訳

製造原価明細書

材料費
　期首原材料棚卸高
　当期原材料仕入高
　　(小計)
　期末原材料棚卸高
　原材料費計
労務費
　賃金・給料・手当
　——
　労務費計
経費
　外注加工費
　——
　経費計
当期総製造費用
期首仕掛品棚卸高
　(小計)
期末仕掛品棚卸高
当期製品製造原価

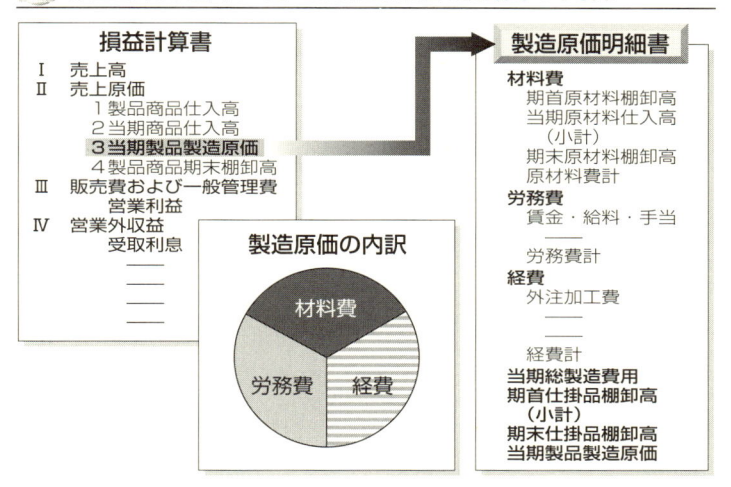

価と同じなので、原価を見る注目点ということになります。

損益計算書（Ｐ／Ｌ）に出てくる原価

Ｐ／Ｌにはさまざまな原価が出てきます。41ページの決算書でＰ／Ｌをさらに詳しく見てみましょう。

①**営業費用**………この中には売上原価、販売費及び一般管理費という原価が出てきます。

売上原価は製造業（メーカー）では製造原価、販売業では仕入原価、建設業では工事原価という言い方をします。要するに、売上を上げるのにかかった主な費用です。

また販売費と一般管理費は会社が営業するための費用で、営業費とも言われ、人件費や広告費、地代家賃ほかさまざまなものが含まれます。

②**営業外費用**………これは会社の営業活動以外で使った付帯的な費用です。借入金の利息（支払利息）や為替の変動で出た為替差益、為替差損などがあります。

③**特別損失**………これは厳密には原価とは呼ぶことのできない損失で、中身は、土地売却で出た損失や火災などの被害による、予期外の損失です。一般的に、こうした臨時の損失は原価計算の対象外です。

製造原価報告書と原価の関係

つぎに製造原価報告書ですが、これはモノ作りをしているメーカーの製造原価の内容を示すもので、前ページの表のように、Ｐ／Ｌの売上原価の項目にある製造原価の内訳を、詳しく説明しています。

製造原価の内訳は、原価の３つの要素と言われる材料費、労務費、経費で構成されています。36ページでも少し触れているように、材料費は製品の材料代、労務費は工場の人件費、経費はそれ以外の費用でしたね。

この３つを合計すれば製造原価なのですが、決算書は月末とか、年度末で区切るため、じつは理屈どおりに計算できないところが出てきます。

つまり、工場内にはかならず製造途中の「仕掛品」が出てきます。これも計算に入れなくてはいけません。そこで、この仕掛品の棚卸高が、期初と期末でどれだけちがったかを、つぎのように差し引きカウントします。

当期製造原価　＝　当期製造費用＋（期首仕掛品棚卸高－期末仕掛品棚卸高）

上記の期首、期末の仕掛品の在庫が差し引きしてゼロになるようなら、当期製造原価と当期製造費用は同じになりますが、実際にはそういうことは、まずありません。

念のために言っておきますと、製造原価明細書はメーカーの工場内の費用計算です。

一方、そのあとのＰ／Ｌは、できあがった製品を工場から出荷し、営業部の倉庫に入れたときからの費用計算になります。

ですから、在庫も工場内の仕掛品の在庫、営業用の倉庫の製品在庫があり、会社全体として売上原価を計算するには、この両方の期首、期末の在庫の差し引きを行います。

4 B／Sにも原価はかくれているか

B／Sは資産、負債、純資産の関係を示している

原価は、もうひとつの決算書である貸借対照表（B／S）とも関連しているのですが、この場合はストレートにあらわれるわけではありません。まずB／Sのしくみですが、これは基本的につぎのような計算式であらわせます。

資産　＝　負債　＋　純資産

B／Sの一例を右に示しましたが、どこにも原価や費用という項目はありません。それはB／Sは会社が製品を製造したり、販売したりしたあと、財産がどうなったか、を示すものであって、すでに製品作りのための費用や原価が差し引かれた結果であるからです。

B／Sで、原価や費用がどのように関連しているかは、資産の部を見ると良いでしょう。

流動資産や固定資産と原価の関係

B／Sの資産の部は、おおきく流動資産、固定資産の２つの部分に分けられます。まず、流動資産から見ますと、この中の原材料・貯蔵品などは原価の材料費にあたり、将来、製造のために使われるものです。

貸借対照表にあらわれる原価

貸借対照表(B/S)

科　　目	金　額	科　　目	金　額
(資産の部)		(負債の部)	
流動資産	××××	流動負債	××××
現金・預金	××××	支払手形	××××
受取手形	××××	買掛金	××××
売掛金	××××	短期借入金	××××
有価証券	××××	社債(1年内に償還予定)	××××
製品	××××	未払金・諸税金	××××
半製品・仕掛品	××××	前売金	××××
原材料・貯蔵品	××××	製品保証引当金	××××
その他	××××	その他	××××
賃倒引当金	△×××	固定資産	××××
固定資産	××××	社債	××××
有形固定資産	××××	長期借入金	××××
建物・構築物	××××	退職給付引当金	××××
機械・装置	××××	特別修繕引当金	××××
工具・器具・備品	××××	引当金	××××
土地	××××	受注工事損失引当金	××××
建設仮勘定	××××	為替損失引当金	××××
無形固定資産	××××	工事移転費用引当金	××××
工業所有権	××××	(純資産の部)	
その他	××××	資本金	××××
投資等	××××	資本剰余金	××××
投資有価証券	××××	資本準備金	××××
子会社株式・出資金	××××	その他資本剰余金	××××
長期貸付金	××××	利益剰余金	××××
その他	××××	利益準備金	××××
貸倒引当金	△×××	その他利益準備金	××××
繰越資産	××××	××積立金	××××
開発費	××××	繰越利益剰余金	××××
合　　計	××××	合　　計	××××

将来、原価となる → 製品、半製品・仕掛品、原材料・貯蔵品

減価償却の方法で原価にカウント → 有形固定資産（建物・構築物、機械・装置、工具・器具・備品）

注）有形固定資産減価償却累計額　××××

製品、半製品・仕掛品は製造後、在庫となっている資産で、Ｐ／Ｌの売上原価や製造原価報告書の中の期末棚卸の記載と対応します。棚卸資産とも言っています。

固定資産には建物・構築物、機械・装置、工具・器具・備品などがあり、これらも原価と関係しています。建物や機械などの固定資産は製品作りに使われ、減価償却という計算方法で、製品の中に原価としてカウントされるのです。

減価償却費は原価の大きな部分だ

この減価償却というのは、たとえば、ある製造装置を購入して製品作りをはじめたとします。この製造装置が10年間使える（これを減価償却期間と呼びます）とすると、その10年間にわたって、10分の１ずつ作られた製品に原価として配分していくのです（実際には特別の計算法があります）。

つまり減価償却とは会計上のテクニックとして、毎年、資産を費用に変えていき、原価として計算していく方法なのです。

ただし、この場合も、原価に変わった固定資産はＢ／Ｓにはあらわれず、固定資産の取得価額と減価償却した額が併記されます。

使われた減価償却額は、当期と前期のＢ／Ｓの固定資産が、どれだけ減ったかの差し引き計算で出せますが、ふつう当期の減価償却額やその累計額は、前ページのようにＢ／Ｓの欄外に、別に注記されています。

減価償却で長期に使う資産を毎年の原価に分解する

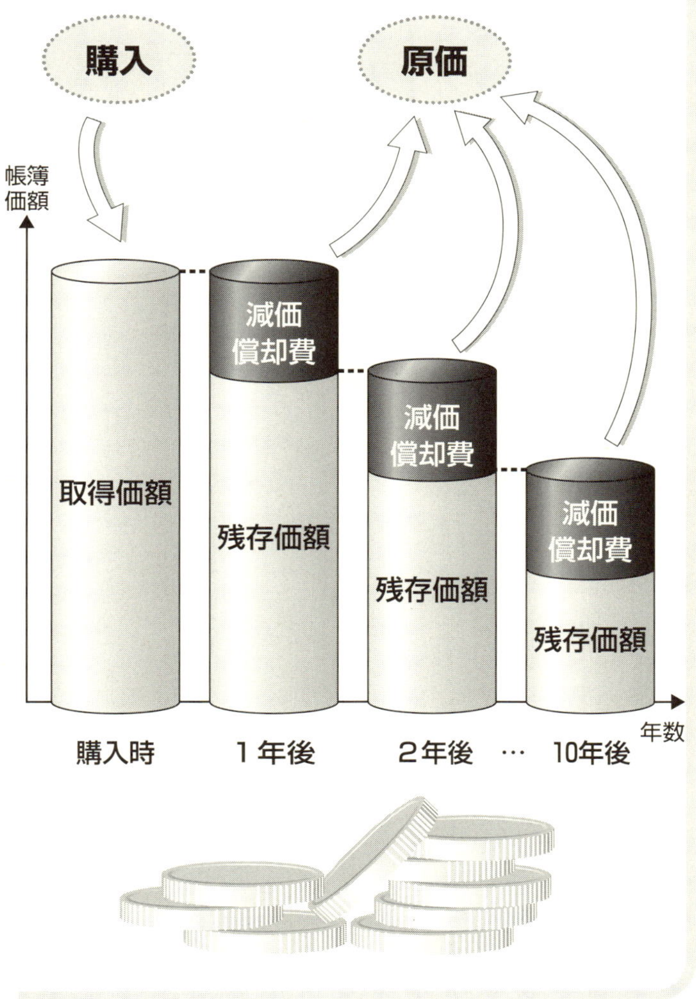

第2章

原価のしくみの基本は製造原価にある

1 モノ作りの原価の3つの要素

製品の材料にかけたものが材料費

では実際に原価にはどんなものがあるのでしょう？

原価と言った場合、モノ作りの原価、つまり製造原価を基本に考えますが、これはつぎの３つの大分類の原価で構成されています。

以下の３つを（製造）原価の３要素と呼んでいます。

製造原価
- 材料費
- 労務費
- 経　費

それぞれ、どんなものなのかを説明しましょう。

まず材料費です。会社が製品作りのためにさまざまな原料や材料を購入してきた時点では、それらはまだ原材料と呼ばれています。

しかし、いったん製品作りに投入されると、材料費と呼ばれ、原価として扱われるのです。

業種によって、パンメーカーなら小麦粉、たまご、バターなど、家具メーカーなら木材や塗料、洋服メーカーなら洋服生地やボタンや糸、印刷業なら紙やインキが、この材料費にあたります。

製造原価の３要素

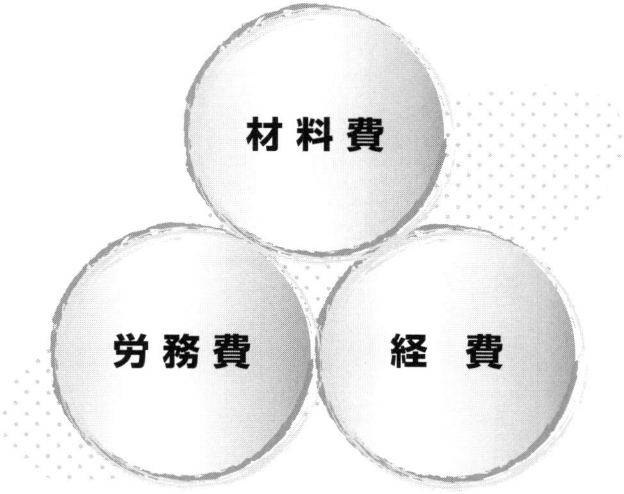

労務費とは製造のための人件費だ

２番目の労務費というのは製造のための人件費です。工場で働く従業員の給料とかボーナスなどですが、直接、製造にあたる工員以外に、工場の事務員や受付や管理の人なども含まれます。

つまり工場で働いている人すべての人件費が対象で、福利厚生の費用なども含みます。

なお、注意したいのは、人件費という費目は、製造原価の３要素の労務費の中に出てくるほか、営業費の中にも出てきます。

しかし、営業費に分類されている人件費は、販売員や本社事務員の給料などであり、これは製造のための原価（労務費）とは区別して考えなくてはなりません。

最後の経費というのは、材料費、労務費に入らないすべての費用を言います。電気代や燃料代、水道代、電話料金、郵便料金など、こまごましたものがまず思い浮かびますね。

しかし経費のうちもっと重要なのが、外注加工費と減価償却費です。

外注加工費とは自社で作らずに外部の業者に製造委託した場合の費用です。

また減価償却費とは、計算する期間によってちがいますが、毎年とか毎月、製造のために建物や機械にかけた費用を、製品に転嫁していくものです。この詳しい説明は47ページを見てください。

材料費・労務費・経費の内訳をみてみよう

材料費

製品作りの
材料となる
原価

- 主要材料費
- 買入部品
- 燃料
- 工場消耗品
- 消耗工具器具備品

労務費

モノ作りの
ための人件費

- 賃金
- 給料
- 雑給
- 賞与・手当
- 退職給与引当額
- 福利費

経　費

モノ作りのための
その他の原価

- 地代家賃
- 賃借料
- 水道光熱費
- 通信費
- 旅費交通費
- 減価償却費
- 外注加工費
- ⋮

経費には
これ以外
いろいろな
ものがある

② 材料費にはどんなものがあるか

材料費とは広い意味の材料すべて

原価の３要素のうち、モノを製造するための最も基本が材料費です。材料費は、つぎの５つに分かれます。

〈材料費〉
- ① **主要材料費**
- ② **買入部品**
- ③ **燃料**
- ④ **工場消耗品**
- ⑤ **消耗工具器具備品**

つまり材料費といってもさまざまで、製品そのものに変えられたり、一部となったりするもの以外に、燃料・消耗品・工具なども含まれることを知っておいてください。以下、詳細を見ておきます。

①**主要材料費**――製品を作るときの材料です。覚えておいたほうがいいのは、「材料」のほかに「原料」という言い方があることです。

たとえば、材木→家具、鉄板→フライパンなどの場合は、材料が形を変えた程度なので「材料」と呼びます。それに対して、芋・麦・米→焼酎、牛乳→チーズのように、形がまったく変わってしまう場合は「原料」と呼びます。

材料費の主な内訳は５つ

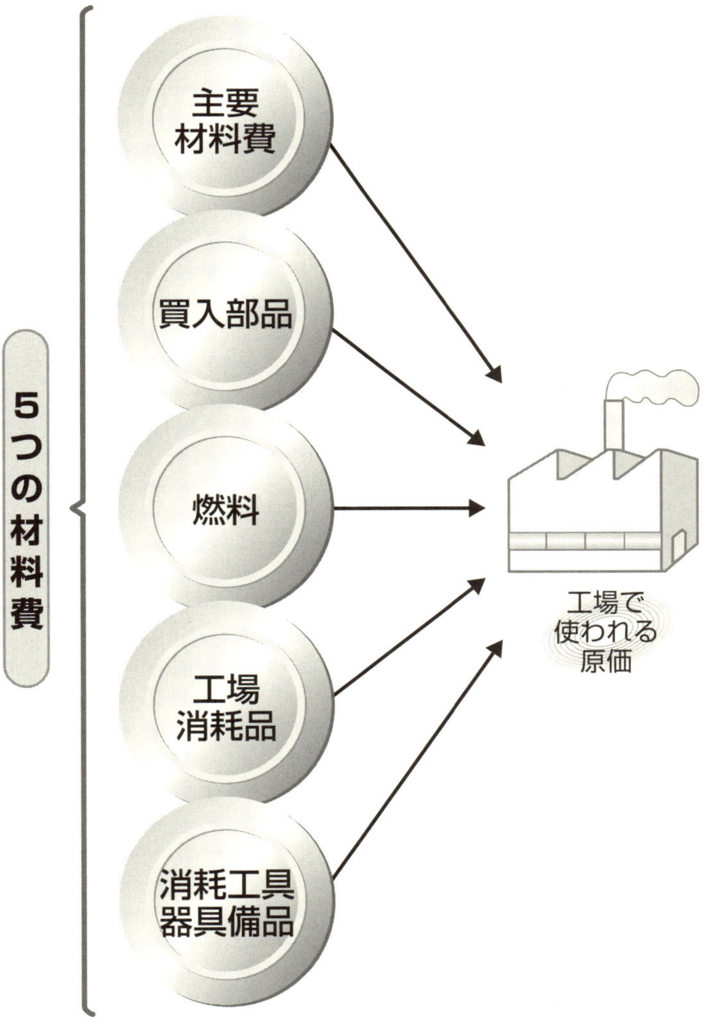

部品、燃料、消耗品、工具なども

②**買入部品**――外部から買入れて、製品にそのまま取付ける部品です。自動車工場ならタイヤ・エアコン・オーディオなどです。

③**燃料**――製造のために使われる燃料で、石油・コークス・ガスなどです。ただし同じエネルギーであっても、電気代は燃料でなく、6節（P70参照）で見る経費に含めます。

④**工場消耗品**――ありとあらゆる消耗品です。機械油・塗料・洗剤・化学薬品のほか、ブラシ・軍手などの雑品に至るまで、製造の際に補助的に使われるものです。

⑤**消耗工具器具備品**――ハサミ・ドリル・カッター・ドライバー・ペンチなど工具類です。ただし耐用年数が1年未満のもの、あるいは金額的に少なく、固定資産として処理する必要のないものです。

それ以上の高額な機械や設備は、会社資産として扱われ、毎年、一定の比率で費用として計上する減価償却費に分類されます。

なお④と⑤の工場消耗品や消耗工具器具備品は、ふつう考えると、実際の製品の中にふくまれ、材料になっているわけではありません。しかし原価の考えでいくと、やはり材料費に含まれるのです。

ですから、原価で言う材料費は、製造の現場で使う広い意味の材料すべてであると考えておいてください。

材料費の例（自動車工場の場合）

主要材料費	鉄板、鉄材、ガラス など
買入部品	タイヤ、エアコン、オーディオ など部品全般
燃　料	重油 ほか
工場消耗品	機械油、塗料、洗剤、薬品料 ほか
消耗工具 器具備品	工具類全般

3 材料費の計算はこうする

材料の消費量の計算法は３つある

材料費がどういうものかわかったと思いますが、しかしつぎの段階で、具体的に材料費を計算しなくてはなりません。材料費の計算式はつぎのようになることは、すぐわかると思います。

材料費＝消費量×単価

ここで必要なのは、消費量がいくらで、単価がいくらかということです。しかし消費量も、単価も、実際に計算するのは意外に簡単ではありません。

まず、比較的かんたんな材料の消費量の計算方法ですが、つぎの３つの方法があります。

- **継続記録法**
- **棚卸計算法**
- **逆計算法**

それぞれについて見ていきましょう。

〈材料の消費量の計算方法〉

①継続記録法――材料の出し入れについて、そのつど記録していく方法です。

材料消費の棚卸計算法

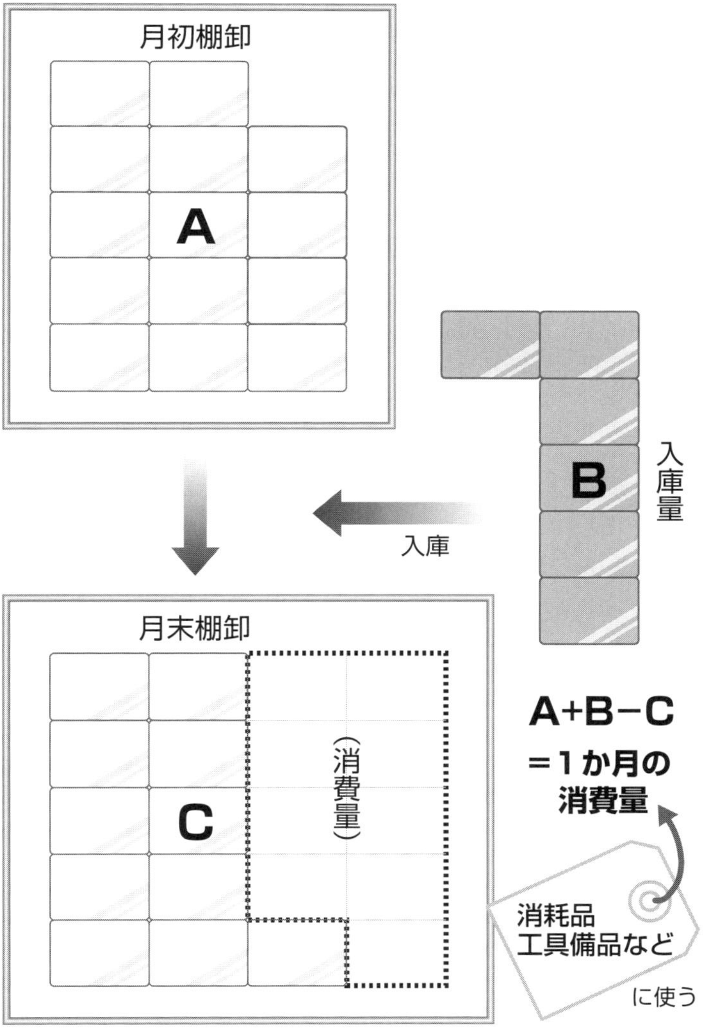
月初棚卸
A
B
入庫量
入庫
月末棚卸
C
（消費量）
A+B−C
＝1か月の
消費量
消耗品
工具備品など
に使う

基本に忠実なまじめな記録法で、何種類もの製品をいろいろな材料を使って製造しているメーカーの場合など、製品ごとの材料消費量が把握でき、原価計算に便利です。

また、月末に棚卸しをすれば、破損や紛失なども正確に把握できます。細かいすべての原料や材料で行わなくとも、主要な原料や材料だけで、この方法を使うという場合も多いようです。

②**棚卸計算法**——月末に棚卸しを行い、前月の棚卸しと比べて、その月にどれぐらいの材料を使ったかを計算します。倉庫から出し入れのつどに記録しないので、手間がかかりません。

ただし、破損、紛失などのロスの把握にはこの計算方法は向いていません。これが使われるのは、一般的に消耗品とか工具備品など、そのつど計算が面倒とか、難しい材料の場合です。パン作りで使った油脂や砂糖などがこれにあたるでしょう。

③**逆計算法**——買入部品など、あらかじめ製品ひとつあたりの使用量がわかっている場合です。たとえばオートバイを作る場合のタイヤなどが、これにあたると考えられます。

１か月の完成品の数量から材料消費量を出すのです。オートバイ300台を製造したら、買入部品のタイヤの消費量は、600本ということになりますね。

材料費の消費量の逆計算法

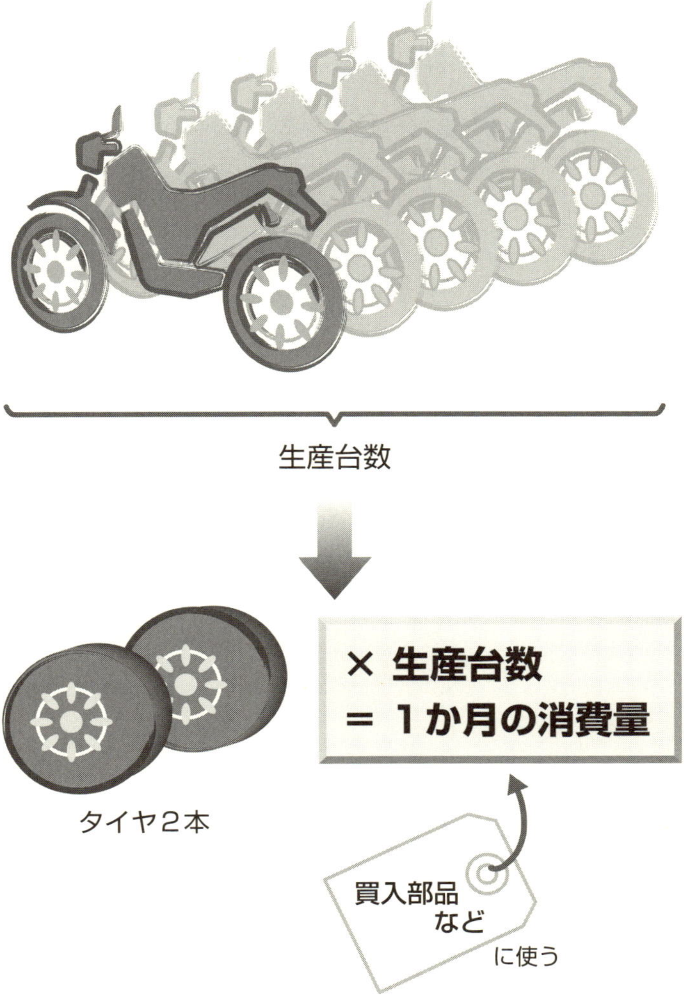

④ 材料費の単価はどう求めるか

単価が途中で変わったときの処理

つぎに材料費を計算する場合の単価を求める方法ですが、この計算にもテクニックが必要になります。

というのも、材料倉庫にはどんどん仕入れた材料が入ってきます。仕入がいつも同じ価格なら問題はないのですが、実際には相場があったりして、単価は変わります。

そして、どの単価の材料が、どの日のどの製品に使われたかをきっちりと区別できないとすると、材料の仕入値段が変わっても、どこから製品の原価に影響を与えているのか、わからなくなってしまいます。

たとえば大豆とか小麦粉を追加購入して、サイロに入れた場合を考えてください。これはもう区別ができませんね。そこで先人たちが苦労して、考え出したのが以下のような５つの計算方法です。

- **先入先出法**
- **後入先出法**
- **総平均法**
- **移動平均法**
- **予定価格法**

先入先出法では古い材料から考えていく

具体的にみていきましょう。

〈材料費の単価の計算法〉

①**先入先出法**——先に仕入れた古い材料から順に使っていると考える計算方法です。つまり計算上、古い材料の数量が終わるまでは、古い材料の最初の価格で計算します。そして、その数量を消化したら、単価のちがう新しい材料の単価で計算します。

もちろん、これはあくまで計算上の話で、実際に現場で古い材料から使うということではありません。材料費の単価の計算は、在庫管理の問題とはまったく別の話です。

たとえば、パンメーカーで、最初、キロ単価500円の小麦粉が100キロあったとします。そのあと単価が600円になって、200キロを仕入れたとします。

この場合、小麦粉100キロを使い切るまでは、キロ単価500円で計算し、使い終わった後は、600円で計算します。

小麦粉はサイロに入れてしまうので、どこまでが古くて、どこから新しいかわかりません。しかし、100キロを使い切るまでは、古い小麦粉をつかっていると「みなし」て、原価を出すのです。古いものから順に使うと考えるので、理解しやすい方法です。

すぐに新しい単価で計算する後入先出法

②**後入先出法**——材料の単価が、変化した時点ですぐさま、

新しい単価で原価計算する方法です。名前の由来は、新しく仕入れた材料から使っていく、とみなすからです。

500円→600円というふうに材料の価格が変わったら、すぐその時から600円で材料費を計算するのです。

ふつう製造原価は、その時の材料の価格が基本になるので、いくら古い原料在庫があっても過去の原価を問題にしていてははじまりません。その意味では合理的な考えです。

ただし、これも原価の計算方法で、実際の在庫管理でこんなことをしていたら、古い材料はダメになってしまいますから注意してください。この計算方法は、インフレで原材料価格が上昇していく場合などに適しています。

③**総平均法**——原価計算は１か月単位で行うものなので、１か月に仕入れた材料の平均単価で計算する方法です。

平均した原価なので、実態に沿っていますが、反面、その月が終了しないと、計算できない不便さがあります。

④**移動平均法**——仕入単価のちがう材料が入ってきたごとにその段階で平均単価を計算する方法です。

⑤**予定価格法**——過去の仕入価格と今後予想される仕入価格の平均を求めて材料費とする方法です。

上記の計算方法はどれを使ってもかまいませんが、それぞれの会社で、ふだんどれを使うかをきめているほかに、それぞれに長所と欠点があることも知っておいてください。

材料単価の計算方法

先入先出法

後入先出法

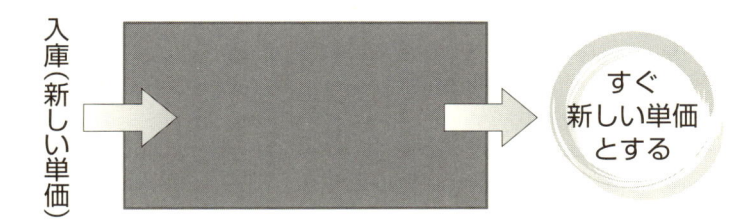

総平均法

⑤ 労務費とは人に使う原価すべて

ひと口で人件費と言ってもさまざまだ

製造原価の２番目の要素の労務費というのは、要するに工場で働いている従業員に支払われる人件費のことです。

ただし人件費もいろいろあり、①賃金②給料③雑給④賞与・手当⑤退職給付引当金⑥福利費――など、人に関するすべての費用を含みます。順に見ていきましょう。

①**賃金**――工場で働く人たちのうち現場の人の給与です。

②**給料**――現場以外の技術者や工場の事務部門の人たちの給与です。何度か説明したように、営業担当者や本社の総務・経理部門の給与は製造に関するものではありませんから、販売費や一般管理費として扱います。

③**雑給**――臨時雇いやパートタイマーに支払うものです。

④**賞与・手当**――製造部門のボーナスや手当です。手当とは通勤手当・住宅手当・皆勤手当・家族手当などです。

⑤**退職給付引当金**――退職金は将来の支払いに備えて、会社で事前に積立てているとは言え、これも人件費であって、製造原価の労務費にみなします。

⑥**福利費**――健康保険・厚生年金保険・労災保険・雇用保険などで、本人負担は給与などから差し引かれますが、福利費というのは、これとは別に会社負担となっているもの

労務費にはさまざまな種類がある

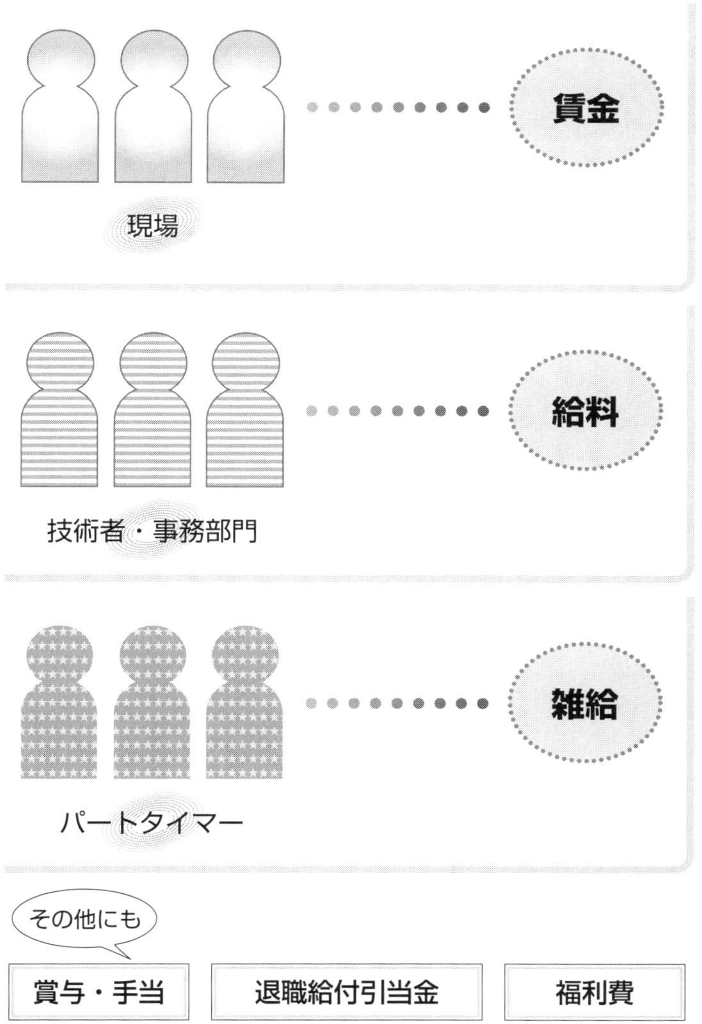

です。

複雑な労務費計算を割り振る方法

労務費の計算は正確にやると非常に複雑になってしまうので、ある程度のところで割り振るようにしたほうがいいでしょう。つぎの３つのポイントに注意してください。

①**月ごとの割り振り**——賞与や通勤手当など何か月かに１回支払われるものは、月ごとに割り振って計算します。

②**賃金計算は予定平均賃率を使う**——賃金の原価の計算式はつぎのようになります。

賃金＝作業時間×賃率（賃金／時間）

しかし作業員によって、能力や経験で、時間当り賃金（賃率）がちがうのが普通です。過去の原価計算をする際は、そのとおりをきっちり計算してもかまいません。

しかし、原価計算は見込みや予想で行うのがふつうですから、その場合は時間当り賃金（賃率）は平均するか、過去の実績を延長して予定の賃率、つまり見込まれる賃率（賃金／時間：時間当たりの賃金）を使って計算します。

③**賃金支払期間と作業期間のズレの修正**——賃金の計算上の締め切り（たとえば20日）と原価計算の期間（たとえば30日締め切り）はちがっていて、ズレがありますから、これは当然、修正をしなくてはなりません。かりにまだ支払っていない場合でも、原価計算の期間に応じて、支払ったものとして賃金を計算します。

労務費の計算は割り振って行う

賃金計算の場合

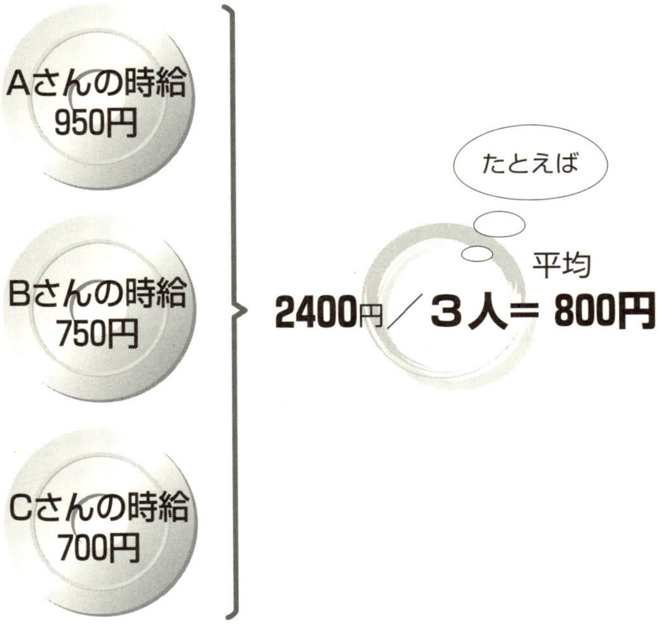

800円 ×人数 × 時間 =賃金の１日の計算

6 経費の種類とその計算方法は?

同じ経費でも、販売や管理での発生は別とする

経費というのは、製造にかけた費用のうち、材料費と労務費以外のものすべてを言います。ですから、実にいろいろな費用が含まれます。

具体的には地代家賃・賃貸料・水道光熱費・通信費・旅費交通費・火災保険料・外注加工費・減価償却費——などが経費と呼ばれるものです。

いずれも製品作りや、製造と工場を運営していくために必要なものであることが前提です。

同じ経費の費目でも、販売部門、管理部門で発生したものは、製造原価でなく、販売費・一般管理費の営業費の扱いとなりますから、注意してください。

経費は経理の計算で用いられ、私たちがよく耳にするものです。

経費自体は、何に使われたか対象別の分類（形態的分類））となっているので、大半の経費の内容は常識的にわかると思います。たとえば賃貸料は、設備やクルマがリースならこの費目ですし、通信費は電話代、郵便料金など、水道光熱費は水道代や電気代です。

ただし一部、注意しておかなければならない経費があり

ます。それは、外注加工費と減価償却費です。

外部の業者を使ったら外注加工費

まず外注加工費ですが、これは自社で作らず下請けなど外部の業者に委託して製造させ、購入した費用です。

たとえば印刷メーカーなら、自社で印刷した印刷物を製本業者に出し、本やパンフレットなどに製本加工させた場合です。

組立業である自動車産業は、外注委託が盛んで、シートなど内装部分、制御装置や駆動装置の部品など、さまざまな部分で外注加工を行っています。

つぎに減価償却費ですが、具体的には製造のために使っている工場の建物、機械装置、車両などがこれにあたります。ただし、こうしたものは支払額が高額で、何年にもわたって使うものです。

そこで、使う期間に応じて購入額を分配して、原価としてあげていくのです。

減価償却は、建物や機械など、それぞれ何年で分配して経費として扱うか税法で決められています。

減価償却の例をあげると、パンメーカーのパン焼き釜、印刷業の印刷機、家具メーカーの木材加工機などです。

このほか工場建物の建設費用、運送のためのトラック、生産管理に使うコンピュータや大型コピー機なども、この減価償却費として処理されます。減価償却費を経費としてあげない企業はないでしょう。

なお、減価償却費という費目は、製造原価に限るものでなく、販売費や一般管理費に関連する場合にも使われます。たとえば店舗の購入費、本社ビル建設費用など減価償却で費用に計上され、減価償却費になります。

測定、集計によって計算がちがう方法

このほか、経費はどのように測定、集計されるかによって、つぎのような分類が行われています。

①**支払経費**：その月、その年に実際に支払った経費です。もちろん支払期間の締め切りのズレは調整します。

（例）外注加工費・通信費・旅費交通費など。

②**測定経費**：ガス・電気など支払日と実際の消費期間はちがうので、月末に消費量をメータで測定して、それによって実際に使った額を計算します。

（例）ガス・電気・水道など。

③**月割経費**：１年分や半年分まとまって支払う経費は、１か月ごとに割り振ります。

保険料は１年払いが多く、固定資産税は３か月、１年払いなどがあり、これらは１か月分に計算しなおします。

（例）減価償却費・保険料・賃貸料・特許使用料、固定資産税など。

④**発生経費**：実際の支払いがなくて、製造中に発生していくものです。

（例）棚卸減耗損など。

減価償却費のしくみ

経費の重要費目

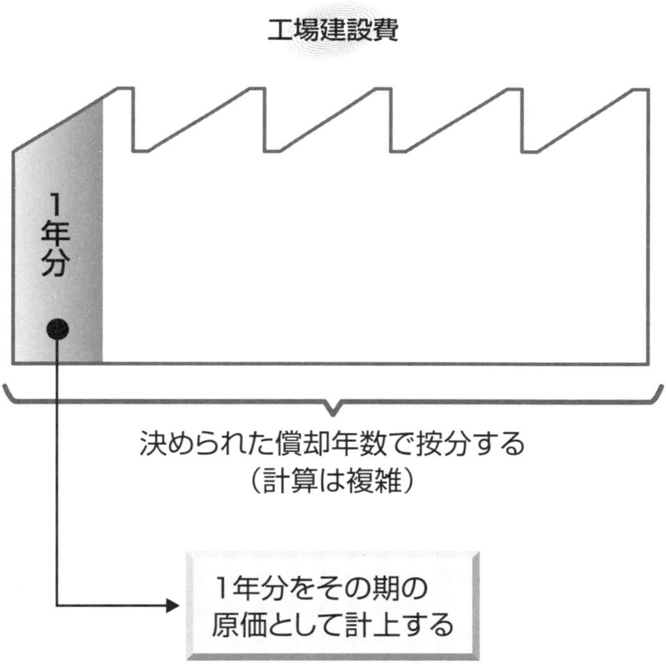

第3章

使えば便利な
いろんな原価

1 直接原価、間接原価とは何か?

「ストレート原価」と「またがり原価」

第2章では主に原価を使われる対象別で分類しました。しかし、メーカーで製造される個別の製品の原価を計算しようとすると、これだけではとてもうまくいきません。

そのため原価には、これとちがう観点による分類があります。そのひとつが直接費と間接費という原価の分類です。一言で言いますと、直接費は個別の製品にストレートにかかった「ストレート原価（あるいは費用）」です。

一方、間接費とは複数の製品にまたがって使われている「またがり原価」です。

たとえば、あるパンメーカーでジャムパンとクリームパンを製造している時、ジャムはジャムパン、クリームはクリームパンの原価として計算されます。これが直接費です。

しかし、パン生地の小麦粉は両方のパンに使っています。人件費や光熱費も同じです。両方の製品にまたがって使われ、すぐには分けられません。これが間接費です。

つまり、製造原価は、個別の製品のための直接製造原価と、複数の製品にかかる間接製造原価に分類されることになります。さらに、製造原価自体は材料費・労務費・経費がありますので、これら小分類の製造原価も、それぞれ直接費と間接費に分類されるのです。

材料費は直接材料費と間接材料費に

では、原価の費目について、直接費、間接費を具体的に見ていきましょう。まず材料費ですが、図（P79参照）のように①**直接材料費**と②**間接材料費**に分けられます。

直接材料費はその製品だけに使われた費用ですし、間接材料費は他の製品作りにも使われ、区分できない費用です。

ジャムやクリームはジャムパン、クリームパンの直接材料費、両方のパンに使われている小麦粉・卵・牛乳・砂糖・バターなどは、間接材料費ということになります。

つぎに労務費も同じように、その製品だけに使われる直接労務費と、それ以外の製品にも共通して使われている間接労務費に分けられます。

同じようにパン作りの例で、ジャム作り、クリーム作りの人件費は、それぞれのパンの直接労務費です。これに対し、パン生地製造やパン焼きの作業の人件費は間接労務費ということになります。

賃金計算をするときは、作業時間が個別の製品のため**直接作業時間**か、複数の製品に向けられた**間接作業時間**か、によって仕分けして計算します。

最後に経費についても、同じように直接経費と間接経費に分けられます。

70ページでも見たように経費には実にさまざまなものがありますが、これらすべてについて直接経費、間接経費に分類していきます。

間接経費が大半だが、直接経費もいくつかある

一般的に、経費は個別の製品のために使うことは少なく、ほとんどは間接費扱いです。しかし例外的に、いくつかの経費で直接費扱いとなるものがあります。

直接費扱いになる経費で、よく出てくるのは外注加工費です。外注加工は個別の製品に対して行われる場合がふつうですから、直接的に使われる費用となり、直接費のグループに入れられているわけです。そのほか、直接費扱いとなる経費には特許使用料などがあります。

他の製造原価と同じように、パン作りで考えてみましょう。たとえば、デニッシュのパン生地の加工は、ほかのパンとちがっているので、これを外注しているとします。その場合、この外注加工費は、直接経費となります。

こうした直接経費となる外注加工は、部品を他社に製造させアッセンブリ（組立加工）を行っている自動車とか家電・通信機器などのメーカーでよく見られます。そうした会社では、外注加工費のウエイトがとくに大きいため、原価計算の際には、この外注加工費を大分類に独立させているところも多いようです。

また最近はアウトソーシングと称して、外注加工がどこの会社でも増えています。本来、自社工場で材料費、労務費を使って製造される分が、外注加工費として、経費扱いになっているわけです。

直接費はストレート、間接費はまたがっている

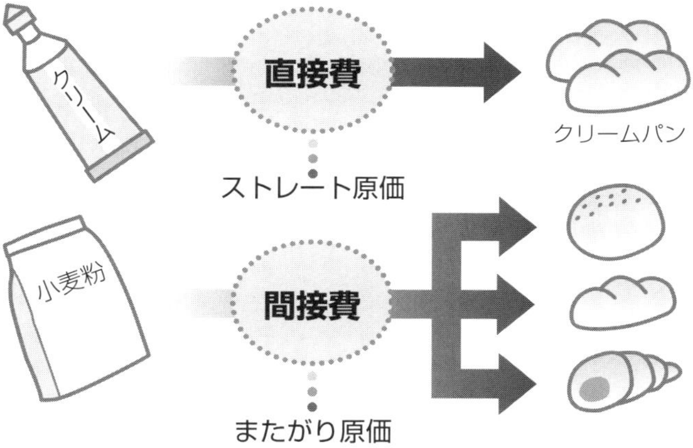

原価の３要素と直接費・間接費の関係

材料費	①買入部品	直接費
	②主要材料費	間接費
	③燃料費	
	④工場消耗品	
	⑤消耗工具器具備品	
労務費	①賃金	直接費
	②給料	間接費
	③賞与・手当	
	④退職	
	⑤福利費	
経費	外注加工費	直接費
	ほとんどの経費	間接費

2 間接費は製品に割り振って計算

金額、時間、数量が配賦の基準

実際に使われた原価が、直接費と間接費に分けられ、このうち間接費というのは、２つ以上の複数の製品にまたがって、使われている「またがり原価」だということがわかりました。

では、この間接費の振り分け処理はどうすればいいのでしょうか？

たとえば、パンメーカーで間接費の小麦粉を５万円使ったとします。原価の計算ではジャムパン、クリームパン、アンパンのそれぞれの原価をもとめるので、小麦粉の間接費をそれぞれ個別のパンに割り振らなくてはなりません。

このように、製品に共通して使われている間接費を割り振ることを**配賦**《はいふ》と呼んでいます。

しかし、間接費を割り振る場合、何かの基準が必要ですね。この配賦の基準には、つぎのようなものがあります。

①**金額基準**——各製品の直接材料費、直接労務費の割合で割り振る

②**時間基準**——各製品の直接作業時間の割合で割り振る

③**数量基準**——生産数量の割合で割り振る

間接費を割り振ることを配賦という

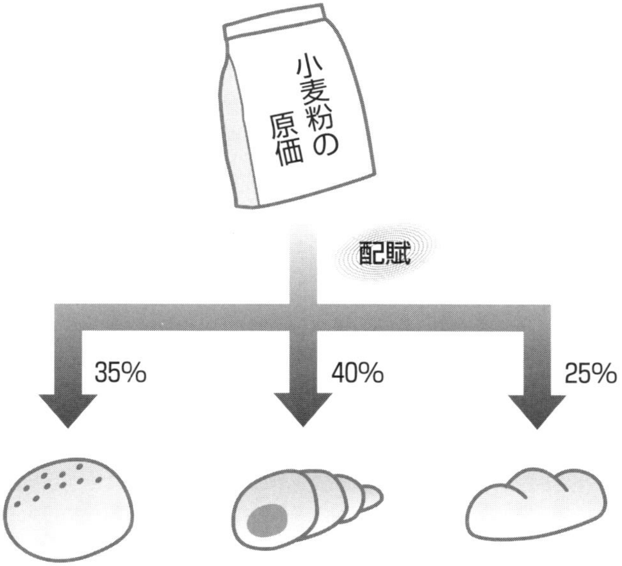

金額基準 ・・・ 製品の直接材料費、直接労務費で割り振る

時間基準 ・・・ 製品作りの時間で割り振る

数量基準 ・・・ 生産した数量で割り振る

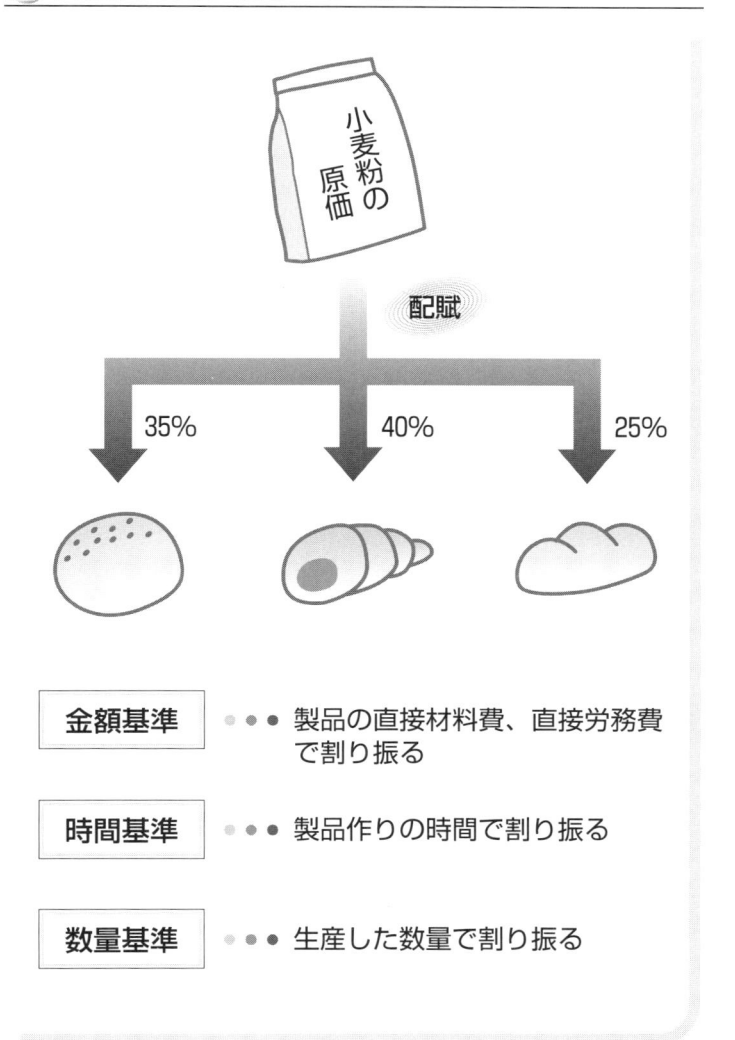

配賦は直接費の額や時間、数量で行う

　これをパン作りで考えてみましょう。やはりジャムパンとクリームパンで間接費を割り振る場合、上記の①②③で行うとつぎのようになります。

・**金額基準＝使った直接材料費や直接労務費の割合**　たとえば、ジャムの直接材料費や直接労務費がジャムパンで30円／個、クリームパンで20円／個だとします。小麦粉、バター、さらにパン生地作りなどの間接費の割り振りは３：２の割合で行います。

・**時間基準＝製品の直接作業時間**　たとえばジャムパン作りで４分／個かかり、クリームパンで３分／個だとすると、４：３の割合という割り振りになります。

・**数量基準＝パンの生産数量**　たとえばジャムパン100個、クリームパン50個だとする２：１の割合です。

　以上のパンの例で、どうも妙だなあと思われるものがあるかもしれません。それは製造されるものの実態に即し、どの基準を採用するか、ケースバイケースですし、また、会社が従来からどれを採用しているか、もあります。

　あとの原価計算のところでも触れますが、実際の配賦の方法は、いろいろなステップを踏むので、複雑になってくる場合があります。

　しかし、ここで示した基本の考え方さえ把握していれば、そうした場合も応用で対処できるでしょう。

配賦の方法の実際

1

配賦基準数値を決める

直接材料費、直接労務費、直接作業時間、機械作業時間 など

2

配賦率を計算する

配賦率 ＝ 製造間接費総額 ÷ 配賦基準数値

3

配賦額を求める

配賦額 ＝ 配賦率 ÷ 製造指図書の配賦基準数値

↓

実態に即して見直し

↓

再配賦の計算

3 販売業なら仕入原価に着目する

商品仕入のために使われる仕入原価

製造原価というのは、製造のために使った原価でした。つまり製造原価とは工業簿記の世界で、メーカーがモノ作りをするのに使う原価の分類、あるいは考え方なのです。

しかし、小売や卸、商社などの販売業はメーカーではなく、モノ作りもしていないので、とうぜん製造原価はありません。そのかわり商品仕入のための仕入原価があります。

つまりこの場合、商社で仕入れた商品は、どこかのメーカーで製造しているわけです。ですから商社の仕入原価の中に、実はメーカーの材料費・労務費・経費の製造原価が込められている、と考えることができます。

そのため大企業などでは、社内で価格の仕切りをして、製造部門と営業部門を互いに別の会社のように区分して、原価も別々に考え、部門ごとに責任を明確にしている場合が多いようです。

製造部門は製造に専念し、新製品開発やコストダウンに努力して利益を出す。一方、営業部門では社内仕切り価格によって、商品を仕入れたことにし、商社としていかに効率的に多くを売るかに精を出すわけです。

この場合、社内仕切り価格は世間の相場にあわせて考え

販売業で重要な仕入原価

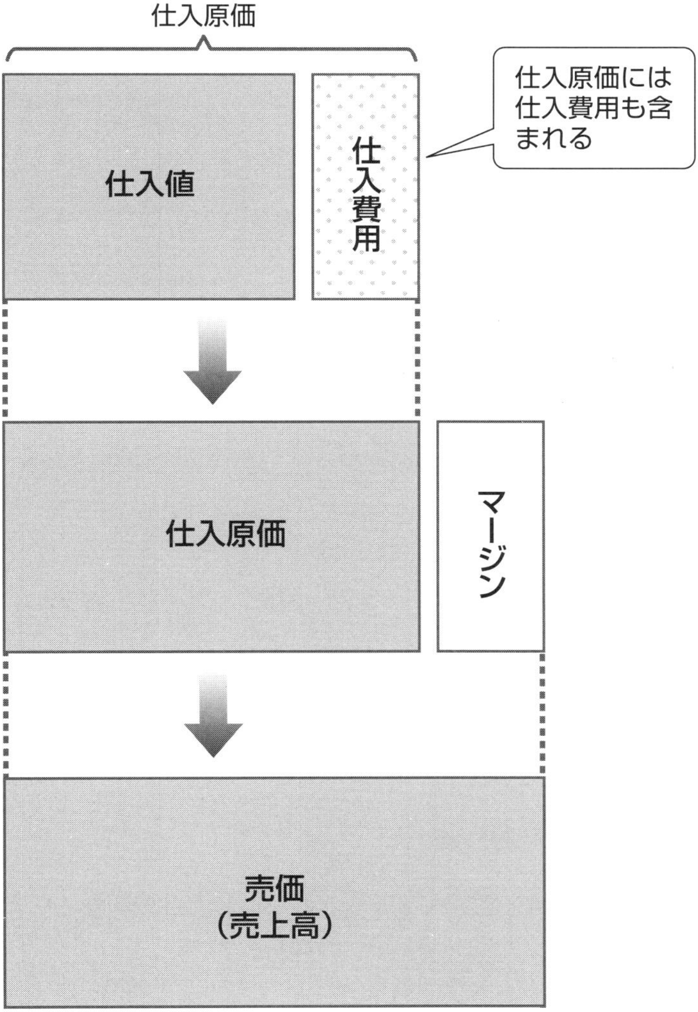

ます。たとえば営業部門で自社製品を販売するより、同じ商品を他社から仕入れたほうが安いようでは、製造部門の努力不足です。

一方、製造部門にとっては、いくら良くて安い商品を作っても、販売力がない営業部門なら、他社の商社に売ってもらったほうが良いということになります。

製品と商品すなわち製造原価と仕入原価

このように会社によって、製造部門と営業部門の責任を明確にし、競いあわせているところが多くみかけられます。

なお、メーカーでも必要に応じて、自社製造品ばかりでなく、実際に他社から商品の仕入販売を行っている場合もあります。

たとえば食品メーカーの場合、自社の製造品以外に、輸入品もあわせて扱っている場合などです。

ハイテク機器なども、メーカーが自社製品以外に他社仕入のOEM製品を販売している場合がよくみられます。

そうした場合、製造業であっても他社からの仕入商品は経理上、仕入原価になります。また、自社製造品を製品とする一方で、仕入商品は商品と呼んで区別しています。

いずれにしても仕入商品の仕入原価は、メーカーにおける製造原価まるまるを意味するわけで、これをいかにして低く抑えるかは、会社の利益に即つながるため、仕入部門の最大の課題ということになります。

社内仕切りは仕入原価と同じ

〈販売業の場合〉

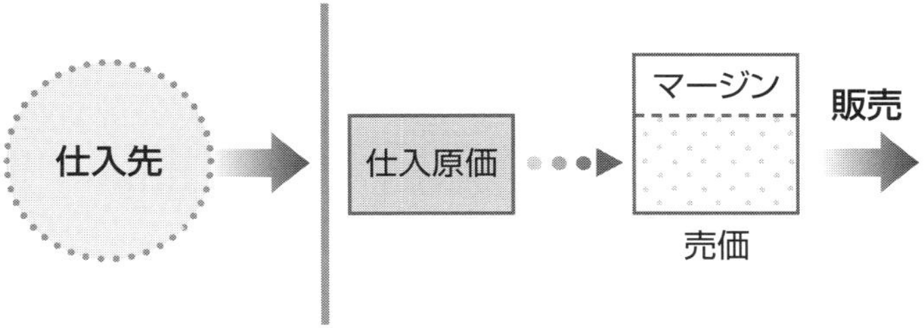

〈製造業の場合〉

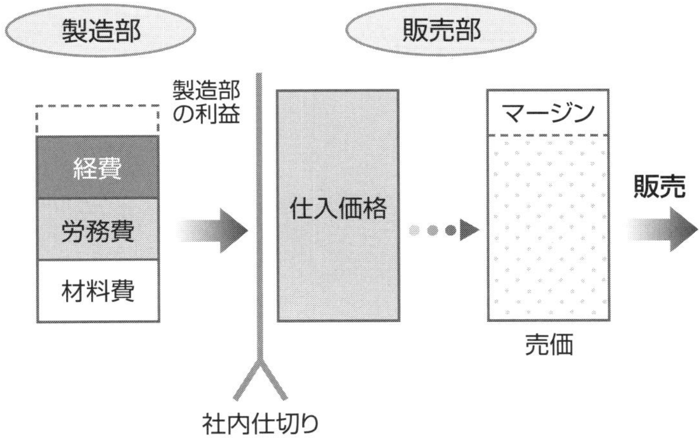

④ 営業費はどの業種にもかならずある

営業費はさらに販売費・一般管理費に分ける

これまでは製品の製造や、商品の仕入れに必要な費用・原価を見てきました。つまりモノに関する原価や費用でした。

しかし事業はモノを作り、仕入れればそれで終わりではありません。よく言われるように、商売は“売ってナンボ”、つまり売上てこそお金が入ってくるわけです。

そして、モノを売るためには、これまた費用がかかります。さらにそれ以前の問題として、会社を維持するためにも費用がかかります。これが販売費・一般管理費と呼ばれるもので、全体を営業費と言っています。

たとえば、製品を販売するときは荷造りし、配達・配送も必要です。お店があれば、その賃借料、消費者に製品を知ってもらうために広告や宣伝も必要です。もちろん、店員・営業マンなどの給料も払わなくてはなりません。これらが販売費です。

さらに会社はモノを作って売るだけでは成立しません。会社を背後から支えてくれる総務や経理の仕事があります。そうした事務員の給料を払う費用も必要です。ビルの賃貸料や保険料もあるでしょう。これが一般管理費です。

販売費と一般管理費の位置づけ

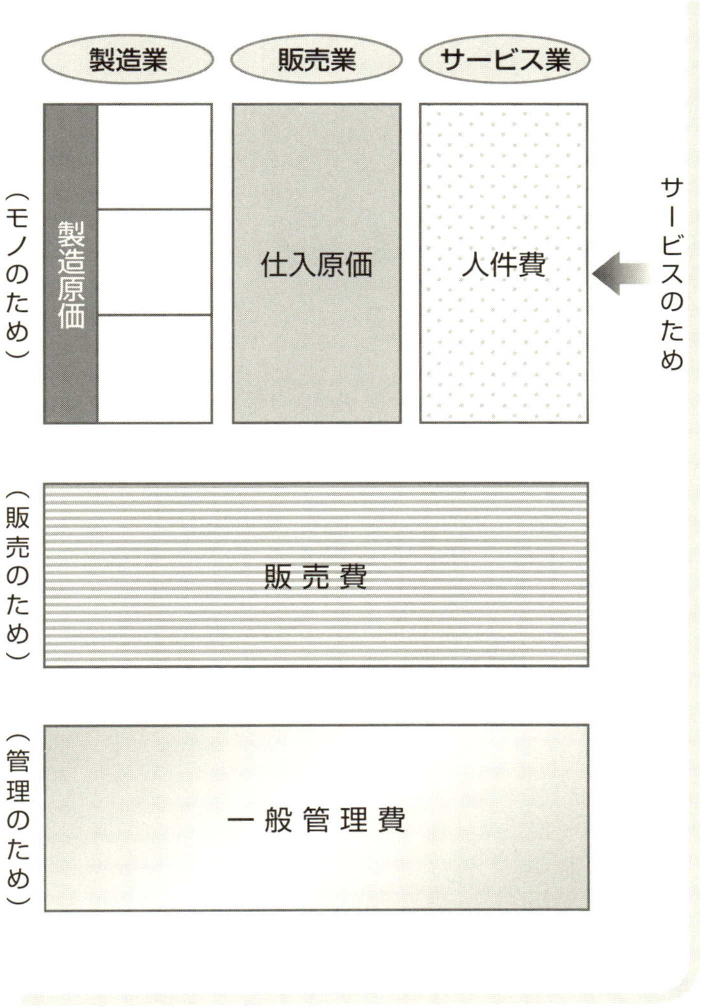

販売業でとくに注目される営業費

こうした販売費・一般管理費は業種によっても異なりますが、モノ作りをしているメーカーでも売上高の15%〜20%を占めています。

営業費が原価の中で大きいウエイトを占めていることがわかると思います。メーカーはモノを作っているのでモノ作りの費用だけ、と考えていたら大まちがいです。

まして卸売・小売などの販売業では、販売費・一般管理費をいかに絞るかが競争力になります。仕入れには相場があるため、仕入原価はそれほど差はつかないからです。

いかに効率よく販売するか、つまり販売費・一般管理費のコストをどのように効果的に使うか、少ない費用で大きな販売実績を上げるかが課題になってくるわけです。

販売費・一般管理費の代表的なものはつぎのとおりです。

〈**販売費**〉販売員・営業員給料、販売員・営業員旅費・交通費、荷造配達費・広告宣伝費・交際費・販売手数料など。

〈**一般管理費**〉賃借料、経理・総務事務員給料、保険料・役員報酬など。

ただし、同じ費用でも何に使われるかで、費用の分類は違ってくることに注意してください。たとえば同じ人件費、賃借料、保険料といっても、それぞれに使われる目的によって製造・販売・一般管理と振り分ける必要があることを知っておいてください。

販売営業費の売上高に占める割合

製造業

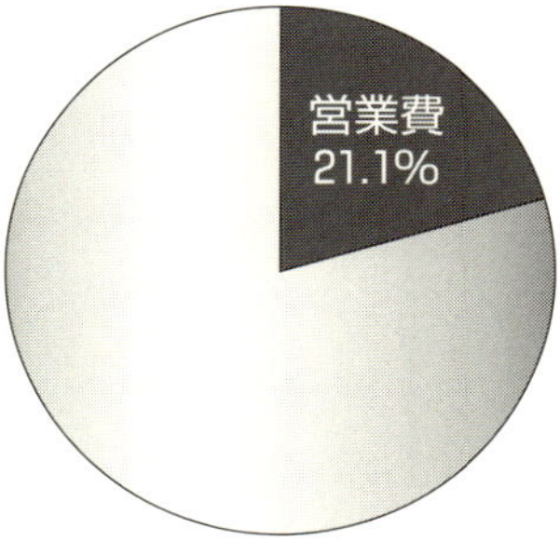

販売業

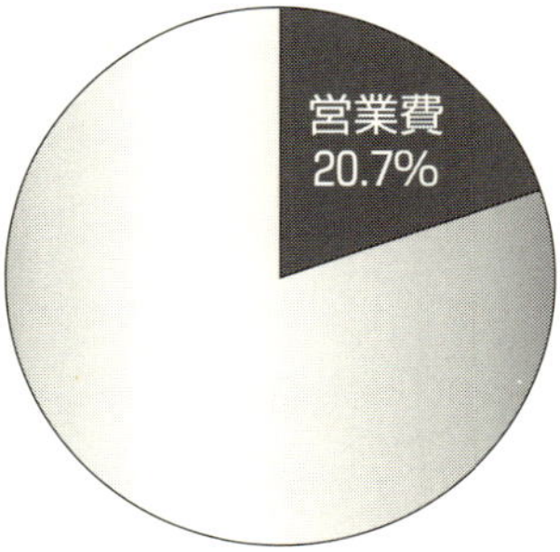

サービス業

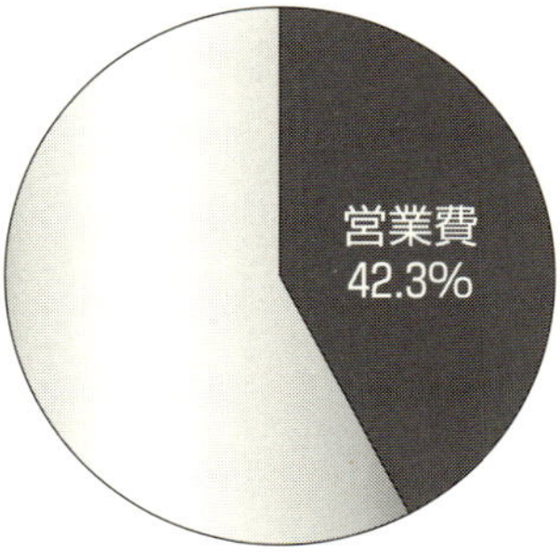

注）「中小企業の経営指標　平成14年度」から集計

5 固定費、変動費は使うと便利だ

固定している固定費、変動している変動費

原価にはまたひとつ固定費・変動費という分類があります。この分類は、これまでのものに比べて、毛色が違っているので、少しわかりにくいかもしれません。

製品や部門ごとのコスト、つまり製品や現場の原価計算では、ふつう、この分類は使いません。しかし製品の利益管理をする直接原価計算（P130参照）や会社の売上と利益を判断する損益分岐点分析（P148参照）では、この分類が基本になります。ですからこれらの費用分類も、ぜひ頭に入れておいてください。

まず固定費というのは会社がビジネスをするとき、売上高・販売高に関係なく、ビジネスを継続するのに必要な基本となる費用です。一方、変動費というのは、売上高・販売高に比例して増える費用です。

アイスクリーム会社の社長と、出入りの税理士さんの次の会話で、固定費、変動費が理解できるでしょう。

社長「アイスクリームが売れるのは夏場だけ、冬はさっぱりだ。秋から翌年の春ごろまで４～５か月は工場はまったく暇なので、いっそのこと、冬の間は工場はストップしたいんだ。そうすれば、費用もかからんしね」

税理士「社長それは無理ですよ。社員の給料はどうします？　会社は変動費だけで動いているんじゃありません」

社長「社員はすべてパートにして、社長のおれも冬は給料を取らなければいい。そうすれば、材料費も労務費も経費も、冬の間はいらんじゃないか。会社は利益が出るだろ」

税理士「それはちがいます。目に見えなくても会社には固定費というものがあります。工場を閉めていても、工場の家賃の支払いはありますよ。去年ローンで冷蔵庫とトラックを購入したでしょ。この投資は減価償却という方法で、原価にのってきます。実際、毎月支払いがあるでしょ。

年間契約の広告塔の広告料や火災保険料もありますよ。極端な話、通信費や光熱費も変動費部分以外に、固定費部分があるんです。電話はかけなくても、電気、ガスは使わなくても、基本料金は取られますよ。冬の間、何もしなければ、その分はやっぱり赤字に変わりはないんですよ」

人件費も固定費、変動費の両方がある

――さあどうでしょう。少しは変動費と固定費のイメージがつかめたでしょうか。

工場は動かそうが止めようが、工場の賃借料や冷蔵庫や車両の購入費支払い、水道光熱費の基本料金など、必要な費用はやっぱり必要です。正社員なら年間を通して給料を支払わなくてはなりません。つまり会社をやっている以上、何がなんでも必要な原価が固定費なのです。

一方、工場が動き出して必要な原価があります。材料や燃料、仕入商品のように、生産や販売のために使っただけ出てくる原価を変動費と呼んでいます。

アイスクリームメーカーの例で言えば、ミルク、クリームや砂糖、香料といった材料全般、電源を入れたときから必要な冷凍機や冷蔵庫の電気代が変動費です。

〈何が何でも原価〉と〈使っただけ原価〉

つまり、あらゆる原価は〈**何が何でも原価**〉の固定費と〈**使っただけ原価**〉の変動費の２つに分けられるのです。

人件費は正社員なら固定費ですが、パートならば変動費の扱いです。正社員でも残業代は変動費扱いになりますね。

このように人件費の場合は扱いが複雑です。そのほかにも、扱いが難しいものがありますが、はっきり、固定費、変動費のどちらかと決められる費用の代表選手をあげると、次のようなことになるでしょう。

〈**固定費**〉　減価償却費、賃借料、保険料、福利厚生費、退職金引当金、営業費のうち営業部・総務部・経理部の人件費、事務用品費、旅費交通費、事務員給料など。

〈**変動費**〉　主要材料費、買入部品費、外注加工費、荷造り運賃など。

このように費用を固定費、変動費に分解すれば、あとで見ることになりますが、工場の稼動の仕方、販売数量や単価の見積もり方など、とても便利なことができるのです。

固定費と変動費の原価の分類とは？

☆製造原価のさまざまな分類☆

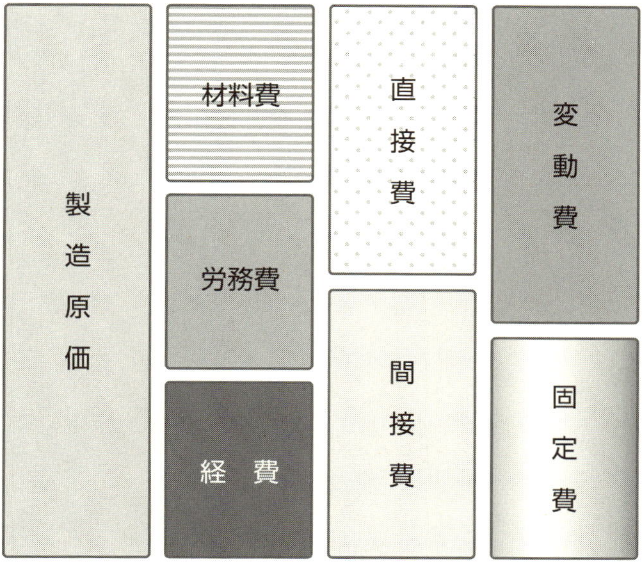

第4章

原価の計算はこうするとすぐに使える

1 まず総合か個別の原価計算を選ぶ

大量生産品は総合原価計算

原価の計算というのは、ここに１個の製品ができあがったとして、その原価がいくらかを計算することです。メーカーの場合を基本とすると、とりあえず材料費、労務費、経費を集計すればいいのです。

そして、これを出来あがった数量で割れば、製品１個当たりの原価が出ますね。原価の計算というのは、実はこんな単純なことなのです。

さて、こうした製品の原価を計算する方法ですが、これを製品別原価計算と呼んでいて、じつは製品によって、つぎのように総合と個別の２通りの方法があります。

というのも、どんなものでもいいのですが、パンとかアイスクリームのように、毎日、毎月、同じ製品が何百個、何千個も作られる場合と、船とか住宅などのように、特別の１個を何か月もかけて製作する場合とでは、どうしても計算の仕方を変えなくてはならないからです。

前者の場合を総合原価計算、後者を個別原価計算と呼んでいるのですが、そのちがいはつぎのとおりです。

〈製品別原価計算〉

・**総合原価計算**：不特定的多数のユーザーに対して、一般

的な製品を連続、継続的に製造している場合

・**個別原価計算**：顧客からの受注で個別の製品を製造している場合

大量生産は総合、受注生産は個別の原価計算

まず、前者の総合原価計算というのは、同一製品、レディメイドタイプの製品を連続的に大量に作る業種で採用されている方法です。ごく一般的な工場の原価計算方法です。

鉄鋼、化学、食品、繊維、自動車、家電など大半の業種はこの方法で原価計算をします。

この場合、メーカーは数多くの製品を作りますので、原価の集計は１か月という期間が単位となります。

まず１か月のトータルの原価を集計します。そしてこの原価を、つくった製品の数量で割って、製品１個の原価を出す、という手順になります。

〈総合原価計算〉

１か月の全製造原価の集計÷１か月の生産数量
＝製品１個の製造原価

一方、後者の個別原価計算は、注文生産、つまりオーダーメイドタイプの製品で用いられる計算法です。

業種で言えば建設業、造船業、印刷業、機械製造業などです。これらの業種では、メーカーが個々のユーザーの注文に応じて製品を製造しているわけです。

具体的には家を建てるとき、船を作るとき、カタログや出版物を作るとき、発注者仕様の機械装置（一般品は対象

外です）を作るときでなどです。

受注品1つひとつを対象に、それぞれで原価をつみあげて計算を行い、とくに期間を区切りません。

〈個別原価計算〉

○○費＋△△費＋……………＝受注品の製造原価

以上の計算で出てきたものが、家なら家、船なら船の製造原価ということになります。

原価計算の種類も知っておこう

以上が製品別原価計算ですが、じつは原価計算の種類ということでは、このほかに、直接原価計算、標準原価計算などがあります。

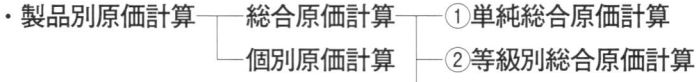

- **製品別原価計算**
  - **総合原価計算**
    - **①単純総合原価計算**
    - **②等級別総合原価計算**
    - **③組別総合原価計算**
    - **④工程別総合原価計算**
  - **個別原価計算**
- **標準原価計算**
- **直接原価計算**

あとで説明しますが、標準原価計算とは、かんたんに言うと、原価の目標を細かい原価科目まで決めておき、それを目指して努力したり、実際の原価と比較したりして、コストダウンに役立てようというものです。

直接原価計算とは、生産や販売するごとに使って、増えていく原価（変動費）と、その事業をするのに前提となる原価を仕分け、経営管理をする原価計算です。第5章で見ることにします。

製品別原価計算が原価計算の基本

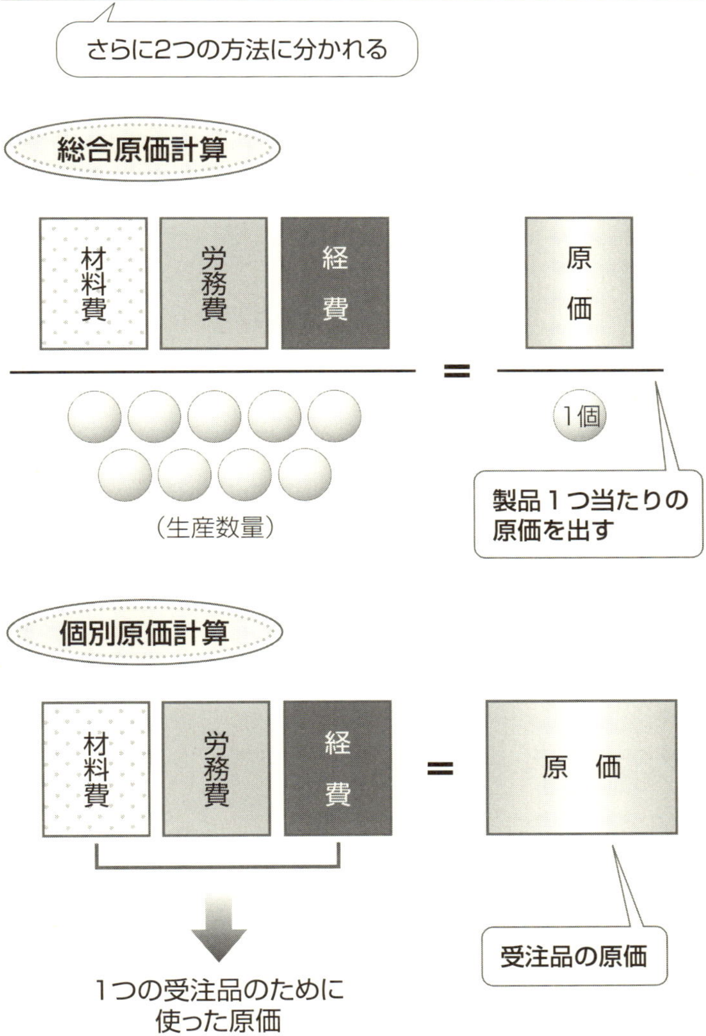

② 総合原価計算のしくみはこうだ

仕掛品は月初と月末で差し引く

製品別原価計算のうち、まず総合原価計算の方法をみておきましょう。

総合原価計算は、ごく一般的な製品の場合で、われわれが通常目にする食品、雑貨、家電、被服など同種の製品を連続的に生産している場合に、この方法を使います。

前節でも言いましたが、計算は通常１か月単位で行います。１か月間にどれだけの原価を使って、どれだけの数量の製品が作られたかが計算できれば、製品１個当たりの原価は、おのずと明らかになるはずです。

この計算方法でまず問題となるのは、実際は製品の製造を１か月というふうに機械的な区切りが難しい点です。

期間を区切ると、当然、まだ生産途中の製品、専門的な言葉でいう「仕掛品」が出てきます。つまり、これをどう扱うかが問題になります。

仕掛品の扱いをどうするか

仕掛品をどう扱うか、105ページの図を見てください。月初に前月の仕掛品が工場内にあったとします。これが(A)です。今月の作業は、これをとりあえず完成してしまい、さらに作業を進めて完成品を作ります。しかし、やはり月末には来月に繰り越す仕掛品が残ります。これが(C)です。

さて、以上とは別に、今月使った原価があります。月初仕掛品を完成させ、月内にいくつかの完成品を作り、さらに、仕掛品となっている原価、これらの合計です。図では(B)ということになります。

ところで、原価の計算は完成品１個当たりの原価を知ることでした。図でみると、今月の完成品の原価は(D)ですね。これを完成数量で割ればいいということになります。

今月の完成品の原価(D)を出すには、つぎのようにすればいいことは、すぐわかりますね。

(A)＋(B)－(C)　＝　(D)

これは、次の式と同じですね。

月初仕掛品原価＋当月製造原価－月末仕掛品原価
＝完成品原価(D)

そして完成品原価(D)を今月完成した数量(E)で割れば、製品１個当たりの原価は、かんたんに出せますね。

完成品原価(D)／完成品数量(E)＝製品１個当たり原価

以上の原価の計算で、さしあたって問題となるのは、毎月末の仕掛品の原価をどのように出すかということです。

たとえば、ここに半完成の自動車が１台あったとします。基本的には、仕掛品となっているその自動車に、どれだけの材料を使い、どれだけ加工に費用をかけたかをこまかく計算すればいいのです。

しかし、実際のところは、厳密に計算しはじめると大変厄介になるので、たとえば完成度合いで完成品の２分の１とか、３分の１とみなして計算するようにするのです。

総合原価計算のうち基本となる単純総合原価計算

総合原価計算の基本的な方法は上記のとおりですが、さらに、作られた製品や工程数で、おなじ総合原価計算でも、生産物とその工程などによって、100ページで紹介している４種類ほどのパターンがあります。

このうち①の単純総合原価計算は、わかりやすい基本のパターンです。単一の製品を単一の工程で連続して量産するメーカーの場合に使います。たとえば製氷工場、飲料工場、製菓工場などで使用されます。

つぎに②等級別総合原価計算の方法は、同じラインで違う製品を作る場合です。

工程は同じでも、いろいろなランクの小麦粉を作る製粉業、上選と特選の日本酒を作る醸造業、さらにアパレル、靴の製造業などでも使用されます。

③の組別総合原価計算の方法については、１工程で２種類以上の製品を作る場合に用いられます。

比較的対象が多く、プラスチック製品、陶器、食器、眼鏡などの製造で一般的に使われています。

さらに④工程別というのは製造の際に、２段階以上の工程が必要な製品です。紙の２つの製造工程のある紙パルプ、いくつもの工程で、つぎつぎに化学品を生産する化学工業、さらにセメント工業などが対象になります。

総合原価計算における仕掛品の処理

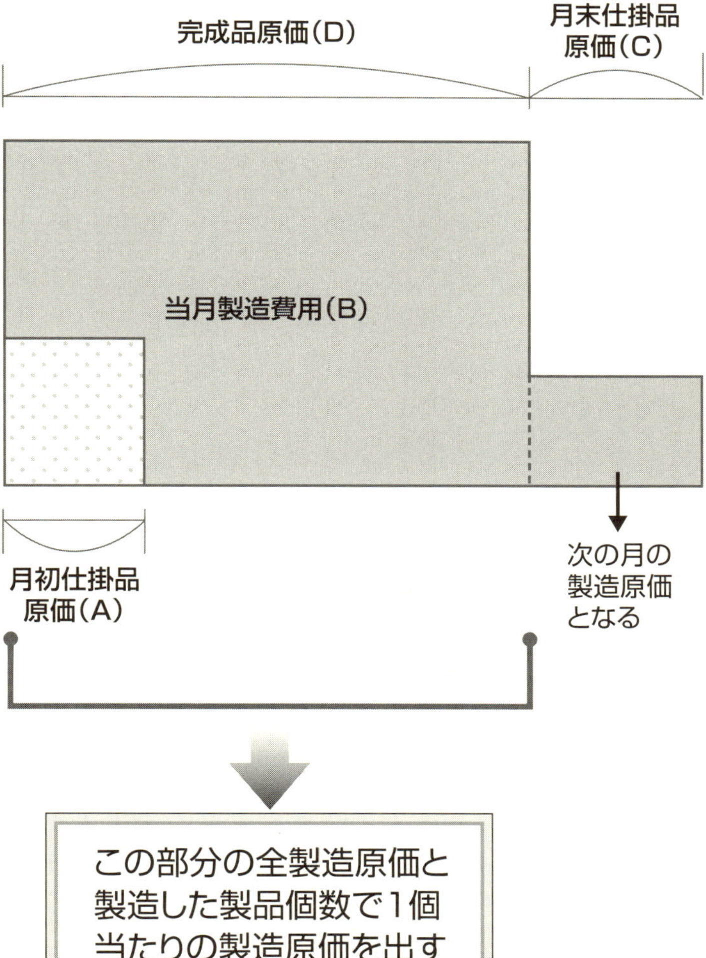

3 大型受注品は個別原価計算を使う

住宅、船、印刷物などはこの方法

個別原価計算は、住宅、船、印刷物、特殊な装置などの大型受注品を製造する場合に使われる計算方法です。

こうした受注製品は、ある特定の顧客の要望で作るもので、１つひとつ大きさも内容もちがっています。

ですから、誰にでも売れるというものでなく、注文先にひとつの製品を作ったら、もう２度と同じようなものは作らない、という場合も往々にしてあるのです。

こうした受注品は、１つひとつ仕様が異なることもあって、製造に入る場合、生産管理部門が受注品ごとに製造指図書という指令書を作ります。この指図書は個々の受注品のデータ管理の中心となる書類です。

製造指図書は右図のようなもので、製品の種類、数量、完成予定日を書く欄があり、さらに使用する材料と数量、作業時間など、その製品のデータをすべて記録するようになっています。

そして原価計算は個々の製品ごと、つまり製造指図書ごとに行います。だから個別原価計算と呼んでいるのです。

なお大型の受注製作物は、完成するまでにふつう何か月もかかります。ですから原価計算は受注品ひとつ、ひとつ

個別原価計算は製造指図書が基本

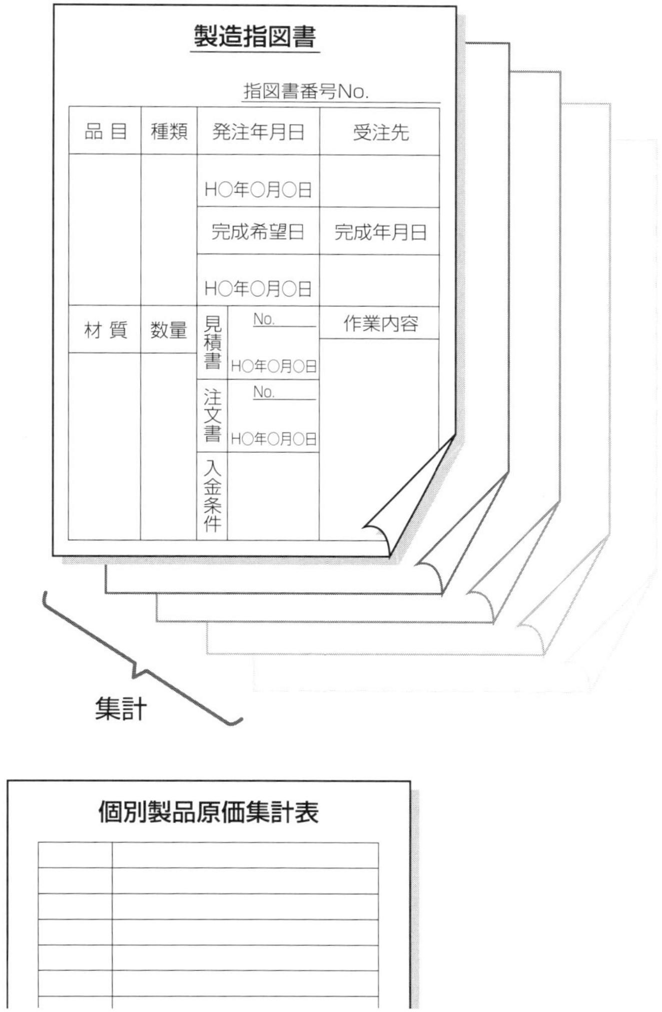

について行うので、製品が完成するまで長期にわたって、かかった費用をすべて集計しなくてはなりません。

このように、個別原価計算では月単位などの期間では考えず、製品ごとの製造指図書のデータにもとづき、製作に要した費用を長期間にわたって、原価計算表で集計します。

仕掛品の評価問題は発生しない

原価計算を式で示すと、たとえばつぎのようになるでしょう。費用の積算は、この受注製品が完成するまで続いていき、毎月の区切りというものがありません。

〈個別原価計算の基本的なパターン〉

直接材料費：a1＋a2＋a3＋………＝A

直接労務費：b1＋b2＋b3＋………＝B

直接経費：c1＋c2＋c3＋………＝C

間接材料費：投入に応じて配賦→D×○％＝d

間接労務費：投入に応じて配賦→E×△％＝e

間接経費：投入に応じて配賦→F×□％＝f

（個別原価計算の）製造原価＝A＋B＋C＋d＋e＋f

受注製作品は、特定の単一のものですから、完成したか、あるいはまだ仕掛品の段階かのいずれかです。

また、比較的短期間で完成するものが多いですから、総合原価計算の場合のように、仕掛品をどう評価するかは、それほどむずかしくありません。

個別原価計算は期間を区切らない

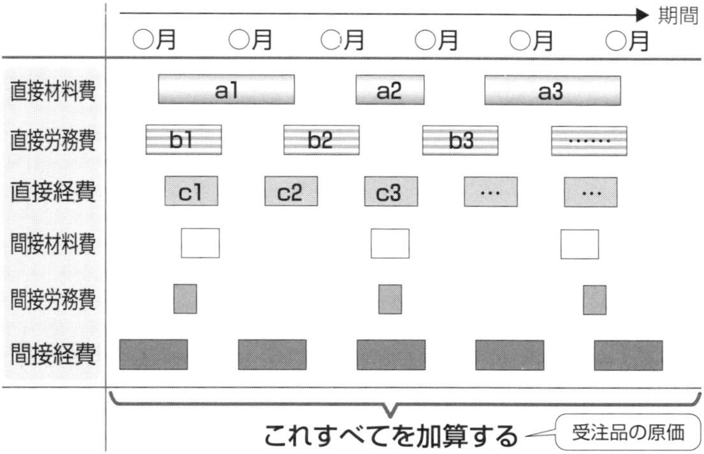

部門とは作業場のこと

じつは費目別の計算を終えて、総合原価計算や個別原価計算などの製品別の原価計算に進む前に、実際の原価計算ではとおらなければならないステップがあります。それは部門別の計算です。

ところで、部門というのはいったい何でしょう？　工場現場に働いている読者はすぐわかるはずですね。一言でいうと、「作業場」です。

ごく小さな工場現場なら、作業場はひとつでしょう。しかし、工場も少し大きくなると、いろいろな工程ごと、製品ごとの作業場、つまり製造部門があります。

さらに部門には、直接、製造はしないけれど、工場としては欠かせない補助部門があります。たとえば、工場事務部門、動力部門、修繕部門、運搬部門などです。

ところで、製造部門ではもちろんですが、こうした補助部門でもコストをかけているのですが、考えてみると、補助部門のコストというのは、直接に製品にかかってくるものではありません。

そうです、補助部門で発生するコストはすべて間接費だということがわかりますね。

直接費は集計先の製品が決まっていますからとくに部門ごとに分ける必要もありません。結局、部門別計算でやっていることは、間接費の配賦の作業のステップなのです。

部門別計算は間接費の配賦の作業

たとえば、補助部門の動力部門で、電気、蒸気、エアーなどを各製造部門に供給しているとします。その原価合計が100万円とします。

これをＡ部門、Ｂ部門、Ｃ部門が５対３対２で使ったとすれば、50万円、30万円、20万円という具合に部門に配賦するのです。

そして、Ａ部門でａ１、ａ２、ａ３と３つの製品を作っているとして、上の50万円をａ１、ａ２、ａ３の３つに配賦し、さらにＡ部門個別で使った部門個別費もそれぞれに賦課するという手順をとります。

右のページに、部門別の計算の流れを図で示しておきま

部門別原価計算の手順

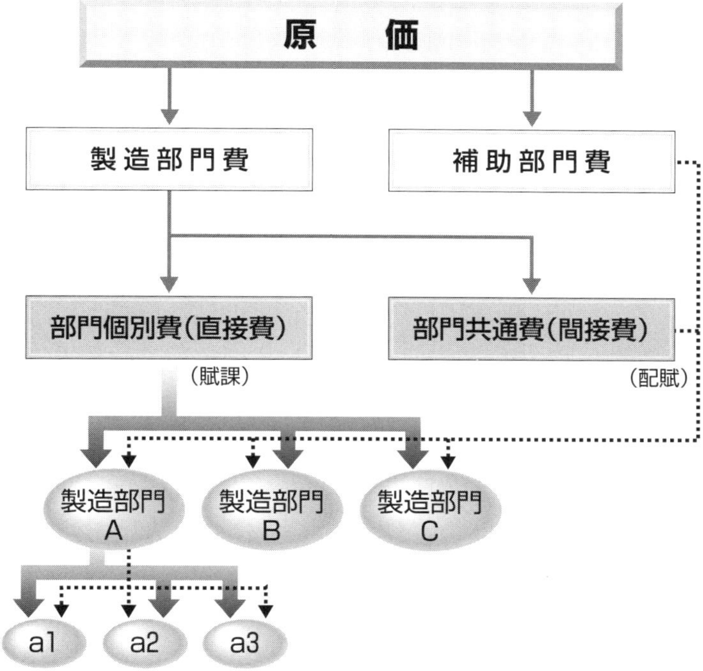

した。部門が多い大工場では、この部門別計算は少し厄介です。ただし、ここでは理屈だけを頭に入れておけばいいでしょう。

なお部門別原価計算は、製品の原価をもとめるひとつのステップですが、工場現場としては目標設定のために、チームが自分たちの部門の原価を把握することも必要なので、そのためにも使えます。

4 実例なら総合原価計算はわかりやすい

まずマホービン工場の直接費を計算してみる

では、実際に製品別の原価計算がどのように行われるかをシミュレーションしてみましょう。

ごくふつうの工場でやっている大量生産品の原価計算の方法（総合原価計算）です。

A社はマホービンやクーラーボックスを製造し、工場にはそれぞれの事業部があります。マホービン事業部では先月、売価3000円のマホービンを5000個作りました。

まず製造直接費はつぎのとおりです。

（直接材料費） 鉄板やプラスチック・塗料など材料費。30万円

（直接労務費） マホービンの組立工程で、月20万円の人件費の工員が４名従事しました。20万円×４名＝80万円

（直接経費） マホービンのスチールボトルは下請工場に外注し、外注費は全部で50万円でした。また専用の機械を入れたのでこの減価償却が20万円でした。計70万円

間接費をマホービンの原価に割り振る

しかしマホービン製造原価は直接費だけではなく間接費もあります。

間接費とは76ページでも見たように、複数の製品にまたがってかけた費用で、どの製品で使ったか、はっきりわからないものでした。

そして、こうした場合、配賦という割り振りの作業をするのでしたね。

(製造間接費)　工場全体で使った電力料金・燃料代のほか、工場長や技術者、工場事務員の人件費、工場棟の減価償却など、どの製品に掛かったかわからない原価がいろいろあります。

これらの原価がＡ工場全体で150万円かかりました、マホービンとクーラーボックスの両者の直接労務費の比率で配賦するとします。それを６対４とすると、マホービンの間接費は150万円×0.6＝90万円となります。

製造原価トータルの計算はこのように

さて製造原価トータルの計算は、つぎのようになります。

▽**製造直接費**：30万円（材料費）＋80万円（労務費）＋70万円（経費）＝180万円

▽**製造間接費**：150万円×0.6＝90万円

▽**製造原価合計**：180万円＋90万円＝270万円

マホービンの製造個数は5000個でしたから、マホービン１個当たりの製造原価はつぎのようになります。

270万円（製造原価合計）÷5000個（製造個数）

＝540円（マホービン１個の原価）

また、マホービン１個当たりの原価構成はつぎのようになります。

540円（製造原価）＝360円（直接製造費）

＋180円（間接製造費）

計算で出た製造原価をどう見るかが大切

さて、上の原価構成をどのように見るかが重要ですね。

たとえば、この原価は昨年のものに比べると増えているか、減っているか、増減があるとしたらなぜか？

直接費・間接費、さらに細かい費用の構成を見て、コストダウンするところはないか？

また、工程の簡略化などで生産性を上げ、製造個数を増やして、１つ当たりの原価を落とせないか？　——などを検討するわけです

さらに、当社は営業費をのせて800円でスーパーに卸していますが、競争相手のＢマホービンは700円です。

これに対抗するためには、100円分の半分でも製造原価を落とすことができないか——など、問題点も検討できます。

このように原価計算をやることで、マホービン事業の戦略が見えてくるではありませんか！

マホービン工場の総合原価計算

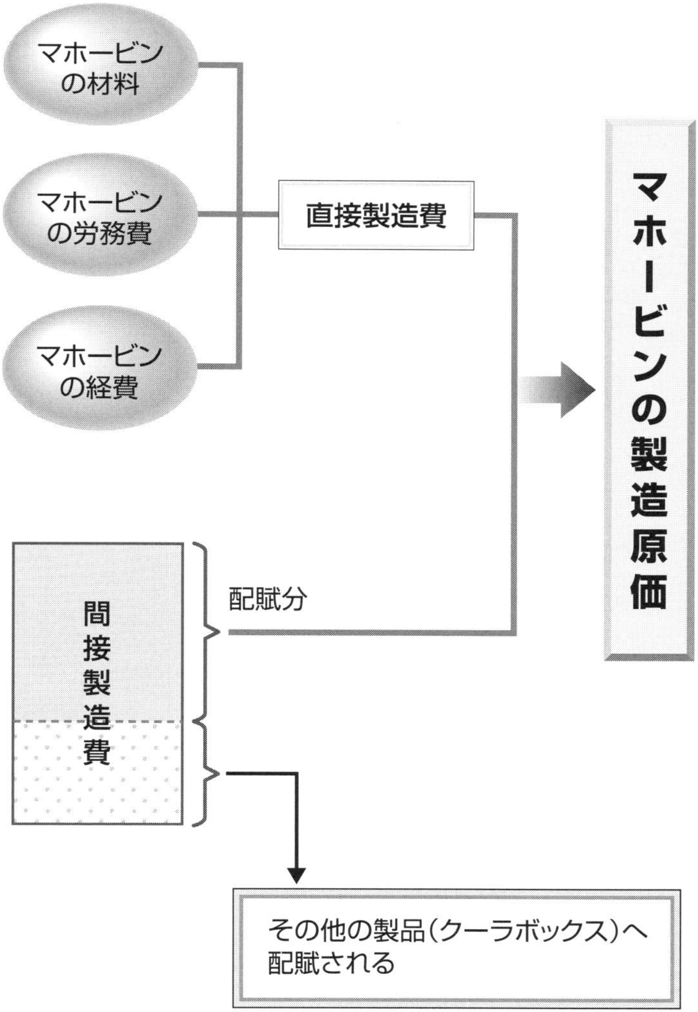

５ つぎは個別原価計算の実践例

工務店の住宅建築のケース

個別原価計算とは１品１品のオーダーメイド品の原価計算でしたね。

この場合は、前節で見た大量生産の場合の総合原価計算とは、手順が少しちがっていますが、計算方法の基本は変わりません。

個別原価計算では、どのような計算が行われるか、シミュレーションで見ておきましょう。

たとえばＢ工務店が、自宅を建てようと考えたＱさんから、住宅の建築を受注したとします。

製造直接費はつぎのようになります。

（直接材料費） 材木・サッシ・瓦・コンクリートなど。300万円

（直接労務費） 大工さんが２人、つごう４か月で家は完工しました。

大工さんの人件費は１日２万円、４か月の稼動は100日でした。：２万円×２人×100日＝400万円

（直接経費） 直接経費はとくに大きなものはありませんが、材料の運送費用や通信費などで20万円でした。

住宅建築の個別原価計算の例

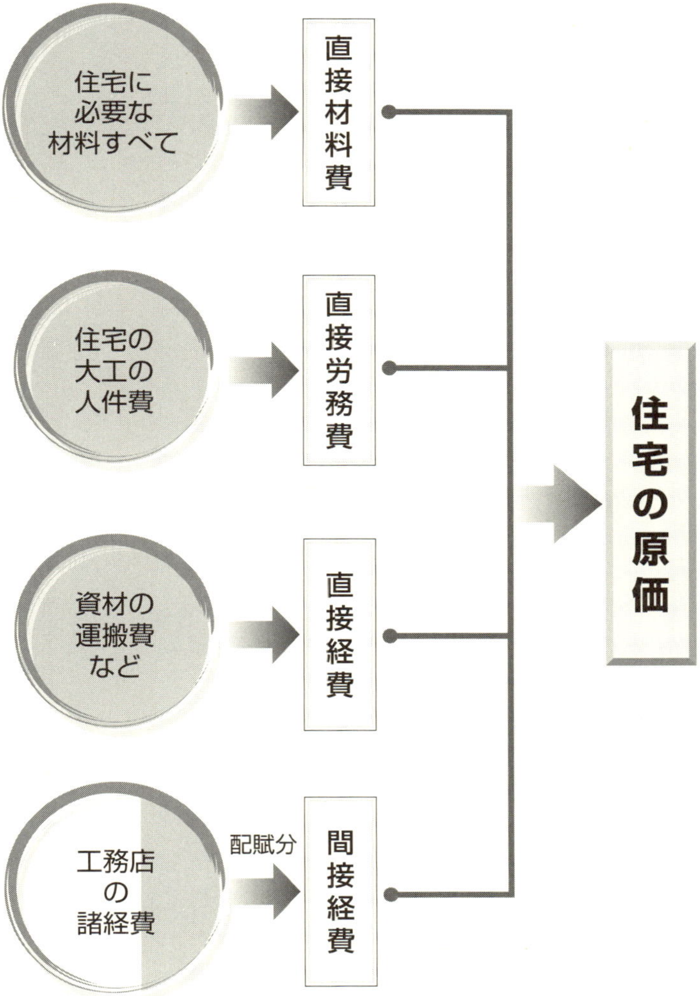

個別原価計算は１か月で区切らない

つぎに間接経費ですが、これはＢ工務店の設計部員の給料などです。

設計はほぼ１か月をかけ、この間の設計部員の人件費は、２名×30万円でした。

しかし、設計部員はほかの住宅建築の設計もしましたので、配賦は40％しました。

（間接経費） 30万円×２名×0.4＝24万円

すると製造原価はトータルでつぎのようになります。

（製造直接費）

300万円（材料費）＋400万円（労務費）＋20万円（経費）

＝720万円

（製造間接費）　24万円（設計費用）

この結果、Ｑさんの住宅の製造原価はつぎのようになります。

720万円（製造直接費）＋24万円（製造間接費）

＝744万円

総合原価計算と内容面でさほど大きなちがいはありませんが、ひとつ大きくちがうのはこの住宅の原価計算は４か月まるまるかかったものであること、またＱさんの住宅１戸を対象にしていることです。

個別原価計算と総合原価計算のちがい

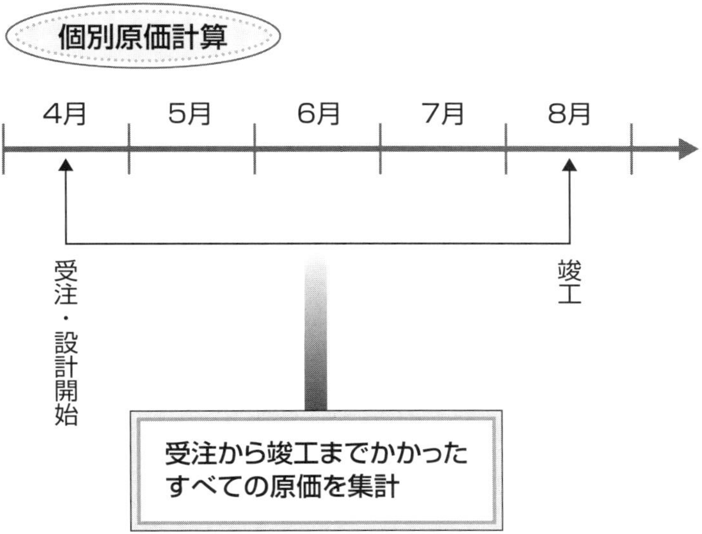

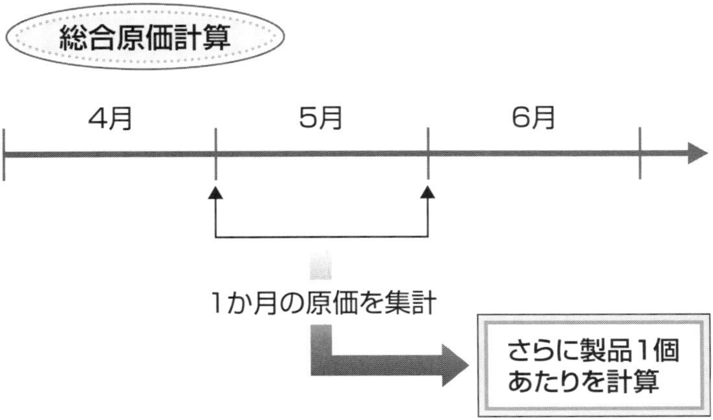

6 あるべき原価を使う標準原価の計算

標準原価計算ではコストダウンを目指す

これまで見てきた原価計算は、結果を見るものでした。でも実際に会社がコストダウンしようという場合、必要なのは来月、来期の原価をどのように下げるかということです。

それに、「何が何でもコストダウンだ」と、馬車馬にムチを入れ、結果が出ればよかったなというのでは困ります。そんなやみくもな経営をしていては、未来はありません。

これこれの理由で、これだけのコストダウンができるはずだという合理的な目標や計画が必要です。そうでなくては社員の意気も上がらず、責任分担もはっきりしません。

そこでモノサシを決めてしまうのです。これまで250円が原価だったパンを、いろいろ計算して、理論上、50円カットして、200円で作れるはずだという、モノサシです。

最初にこのような客観的なモノサシを作っておいて、次期のコスト削減の目標はこれだ、と設定してしまえば便利です。そこで考えられたのが標準原価計算です。

標準原価計算の最初の一歩は、工場がまったくムダやロスなく理想的な形で稼動した場合を考えます。そして、その場合の「あるべき原価」を設定します。これを専門的に原価標準といい、基本のモノサシになるのです。

原価差異とは、原価標準と実際の原価の差

一方、１節（P98参照）章で見た個別原価計算や総合原価計算の手法で、実際にかかった原価を計算します。そしてこの「実際の原価」と「あるべき原価」（原価標準）との差を出すのです。

この差額を専門的に「原価差異」と言います。あるべき工場運営と実際の工場運営の差から出たロスということになります。

さっきのパンの例では、いままでのパンの原価250円と、モノサシの200円の差、50円ということになります。そして200円の「あるべき原価」（原価標準）は、材料費、労務費、経費など製造原価のこまかい部分まで設定します。

材料費は小麦粉など100円、労務費60円、経費40円といった具合です。正確に出しにくい経費関係は予算で縛っていきます。もちろん、実現できないものでは困ります。努力したら、できるという原価の目標を積み上げるのです。

成果主義、責任体制に有効

そうすると、製造のいろいろな現場で、原価削減の目標がはっきりしてきます。そして、そのロス・ムダがあった場合、それがなぜ起きているのか、どの部分が問題か、細かい原価の項目を分析して原因を見つけ、改善を図ります。

このようにすることで、原価のどの部分に問題があるのか、目標にまで今はどこまで近づいているか、さらにコス

トダウンやコストアップが、どの部門の誰の働き、あるいは責任によるものなのかが、はっきり出てきます。
つまり責任のなすりあいをなくし、成果主義、責任体制を進めていくことが可能になるのです。

「あるべき原価」が何かがポイント

このようにみていくと標準原価計算は、すごく有効な方法だと思われるかもしれません。
しかし、一方でいろいろな問題を持っていることも知っておいてください。この原価計算はうまく利用できれば良い結果が得られますが、かなりうまくツボにはまらなければ、机上の空論になってしまう危険性もあります。
ポイントは標準原価計算の「あるべき原価」が何かという点です。ムダやロスがない理想といっても、果たして、そういうことが現実にあるかという疑問も出るでしょう。
また従業員も能力、熟練度がちがいます。社内で一番有能な工員を目標とするのか、平均的なレベルの人をコストの基準とするのか、実際には非常に難しいのです。
さらにコストダウンというのは全員の納得と合意があってこそという日本人特有の組織運営の土壌があります。
目標の設定の仕方によっては、レベルが高すぎてとても無理だとか、逆にこれでは悪平等で自分の能力が十分評価されない、などという不満が出るかもしれません。
こういうことすべてを配慮して、標準原価計算の目標設定は行われなくてはなりません。

標準原価計算の考え方

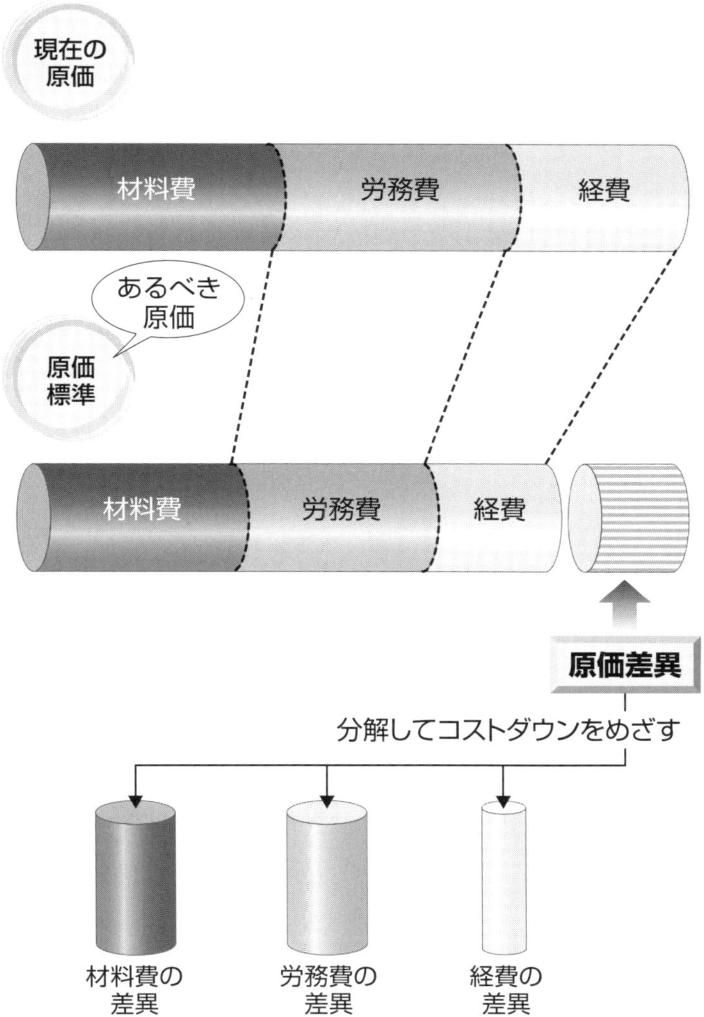
現在の
原価
材料費
労務費
経費
あるべき
原価
原価
標準
材料費
労務費
経費
原価差異
分解してコストダウンをめざす
材料費の
差異
労務費の
差異
経費の
差異

7 標準原価計算をやってみる

会社一丸で努力できる原価標準をめざす

では標準原価計算をはじめましょう。

最初に必要なのは、あるべき原価標準の設定です。これをどのように設定するかは、会社によってケースバイケースですが、たとえばつぎのように考えるとよいでしょう。

①ロスやムダの一切ない完璧で理想的な基準とする。

②業界トップの競争相手の実績を分析し、それに打ちかつ基準を考える。

③今期の利益計画にもとづいて、それが十分達成できる基準を考える。

①～③のうち実現するのに最も容易なのは③の今期予定の基準でしょう。ただし、この場合は達成したら、来期は新たな標準原価を設定しなくてはなりませんね。

どの目標を設定してもいいのですが、大切なことは目標となる基準は、会社一丸で努力していける基準でなくてはなりません。やさしすぎてもいけませんし、かといって厳しすぎて、社員がやる気をなくしてしまっても困ります。

目標として、トップから現場の社員１人ひとりの意識まで、基準の数字を浸透させていくことが大切なのです。

「あるべき原価」つまり原価標準の設定は、各部門の責任

原価標準はどう設定されるか？

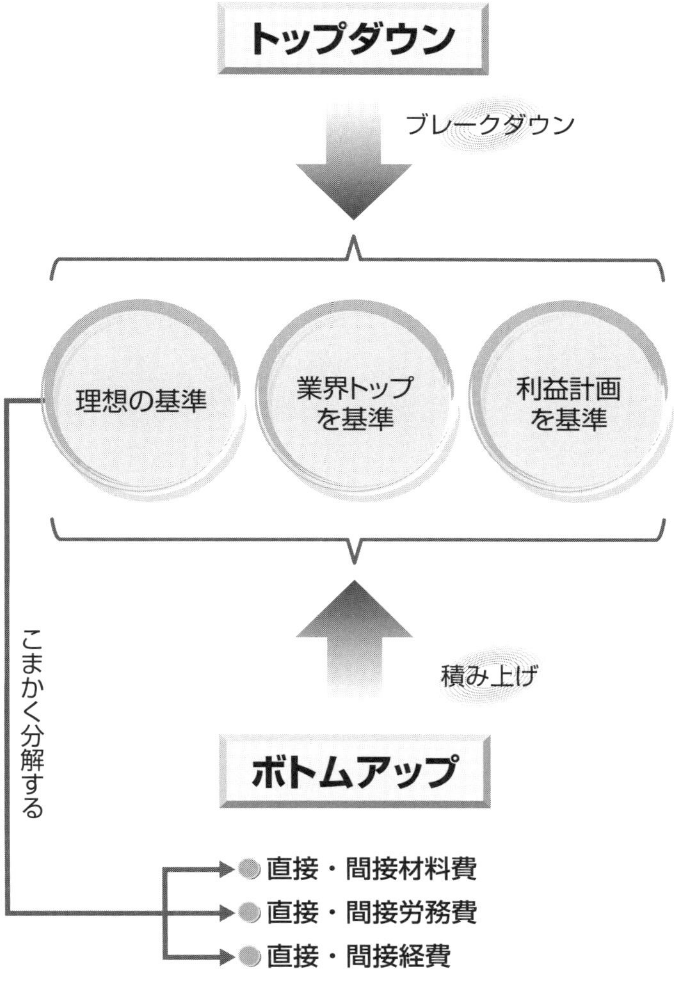

者の意見を入れて積上げ方式か、トップダウンで大枠を決めて、のち分解して行くブレークダウン方式か、そのどちらであってもかまいません。

しかし直接労務費・直接材料費・直接経費、さらに製造間接費・補助部門の配賦まで個々の費用をしっかり設定しなくてはなりません。

価格、数量、予算の差異を検討しよう

さて原価標準がこまかい原価まで設定でき、生産現場が稼動しだして、1か月が経過したとしましょう。

この段階で実際に発生した原価が出ます。つぎの段階で考えるのが、この実際に発生した原価と原価標準の差です。

この差が原価差異ですが、たとえば材料なら仕入れた価格の差異や使用した数量の差異が生まれますね。また労務費なら時間当り賃金（賃率）や要した時間の差異が出ます。

また製造間接費については、期初に予算をたてることで予算と実際の配賦額との差異、そのほか目標と実際の工場の稼動の違い、つまり操業度差異などが出ます。

つまり、最初に設定した標準原価と、実際の原価を比較して価格差異・数量差異・予算差異を出してみるのです。そして、標準原価を達成できない場合は、なぜそうなってしまったか、原因がどこにあるか、を考えればいいのです。

原価差異が出た原因を究明!!

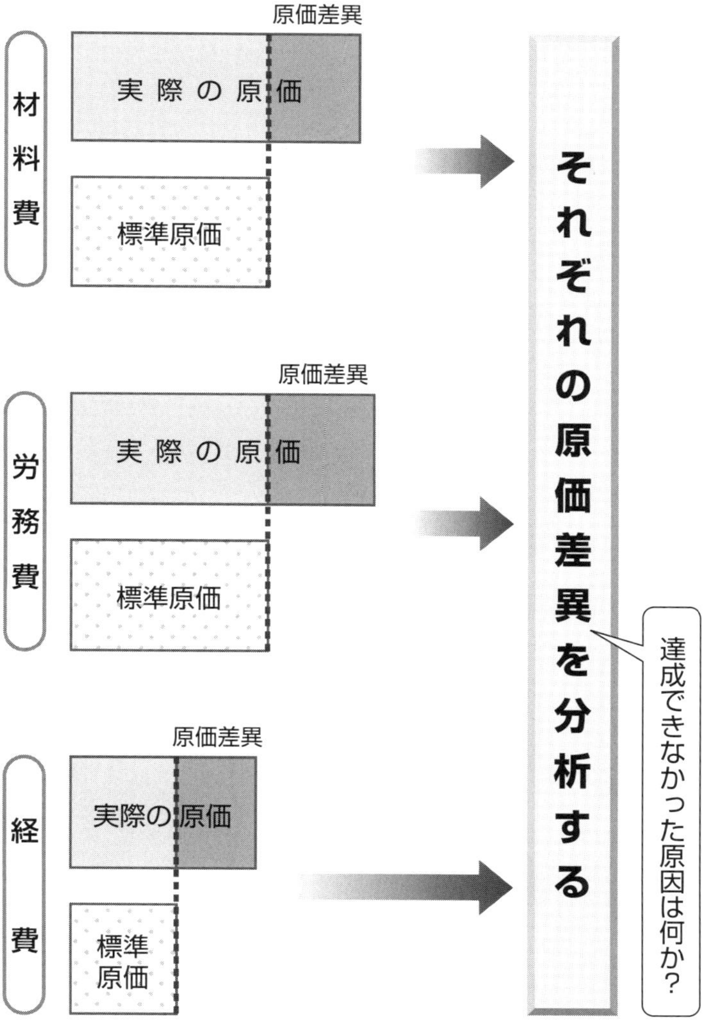

第5章

経営感覚でやってこそ原価計算は生きてくる

1 利益管理に使える！ 直接原価計算

変動費、固定費、貢献利益で考える

経営者や管理者の立場になると、採算管理や利益計画、製品価格の決定などで、難しい判断に立たされる場合があります。

たとえばつぎのような場合です。

①（いくら売れば、いくら利益が出るのか）：売上高が４億円なら、いくら利益が出るのか？　利益を出すには最低何億円の利益が必要か？　利益を2000万円出すのに必要な売上高はいくらか？

②（値段をいくらにするか？　値引はどこまでできるか？）：製品はできあがったけれど、販売の見込み数量に対し値段の設定はどうすればいいか？　競合他社の製品に比べて、どこまで特別価格が出せるか？

③（販売製品のうち、利益を出すにはどの製品が有利か？どれに力を入れるべきか？）：粗利益が大きいからと言って、そちらに力を入れていたら、意外や意外、全体の利益は減ってしまうこともあります。

このような場合の解決に役立つのが、直接原価計算という方法です。

直接原価計算の役割とは？

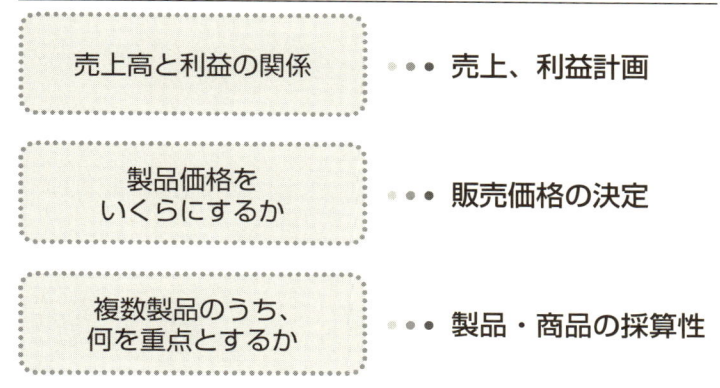

- 売上高と利益の関係 ・・・ 売上、利益計画
- 製品価格をいくらにするか ・・・ 販売価格の決定
- 複数製品のうち、何を重点とするか ・・・ 製品・商品の採算性

変動費、固定費、貢献利益の関係とは？

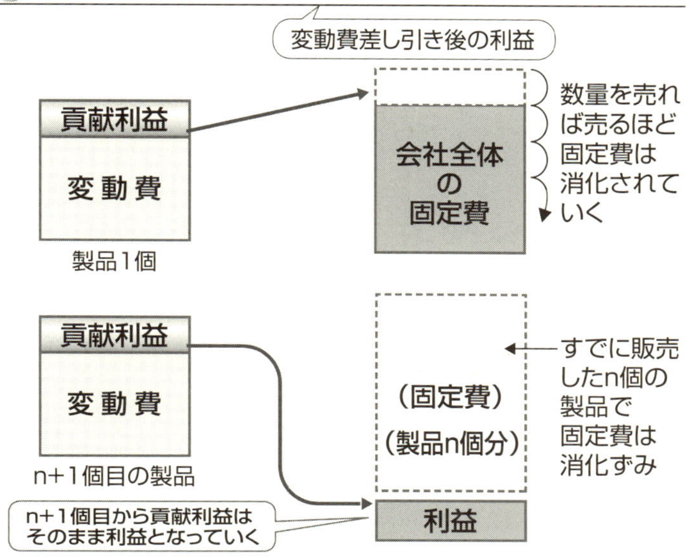

変動費と固定費を思い出そう

直接原価計算を理解するには、第３章５節で説明した変動費と固定費という考え方が基本になります。

変動費と固定費の区別をもう一度思い出してください。

変動費：材料費や仕入原価のように、使ったり仕入れたりするごとに、発生する原価です。つまり、〈使っただけ原価〉でしたね。

固定費：家賃や保険料、正社員の給料のように、会社をやっている以上、絶対に支払わなくてはならない原価です。つまり〈何が何でも原価〉でしたね。

直接原価計算ではまず、変動費〈使っただけ原価〉からスタートします。

さて、ここで売価と原価、そして利益のしくみがどうなっているのかを考えてみましょう。まず、１個の製品で使った変動費に一定のマージンをのせて売価をつけ、販売したとしましょう。つぎのような式になりますね。

売価－製品１個に使った変動費＝マージン

この式は製品１個の計算式ですが、実際には販売する製品は複数個になり、式はつぎのようになります。

売上高－変動費（使っただけ原価）＝マージンの積み重ね（売価×販売数量）

しかし、このマージンの積み重ねは、まだ本当の利益を生んでいるわけではありません。

このマージンは会社を維持するための「何がなんでも原価」、つまり固定費を消化していくことになります。

そしてマージンが固定費をすべて消化したあとは、そのつぎに売った製品で得たマージンから、そのマージンまるまるが本当の利益となって手もとに残こることになります。

利益を出すのに貢献する「貢献利益」

以上の考えによって原価と変動費の関係は次のような式で示されます。この式では上で説明したマージンが貢献利益とあらわされています。

売上高－変動費＝貢献利益

この式が示しているのが、直接原価計算なのです。貢献利益は文字通り、固定費の負担や利益を出すことに”貢献”するわけです。

貢献利益というとむずかしく聞こえますので、これを〈変動費差し引き後の利益〉と呼んでおきましょう。つまり、まだ固定費は消化していない利益というわけですね。

変動費、固定費、貢献利益の関係図（P131の下図）のように、製品1つひとつで見ると、わかりやすいでしょう。

この図で見る最初からある（会社をスタートしたときからある）固定費を消化していくのは、1つひとつの製品単価から変動費を差し引いた貢献利益（〈変動費差し引き後の利益〉）だということが理解できると思います。

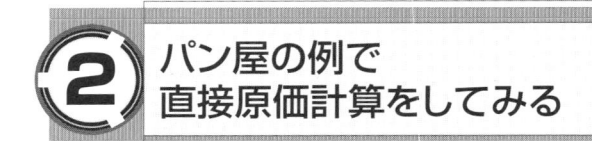

② パン屋の例で直接原価計算をしてみる

貢献利益を利用して利益管理をしよう

ここで具体的に、直接原価計算、つまり貢献利益を利用した利益管理の例を見てみましょう。

たとえば100円でパンを仕入れたとして、これに150円の売価をつけたとします。このときパン１個の貢献利益はつぎのようになります。

150円（売価）－100円（変動費）＝50円（貢献利益）

パン屋の１か月の固定費を家賃、給料など全体で30万円とします。すると、このパン屋が利益を出すには、固定費を貢献利益が消化したあとですから、少なくとも、つぎの式が成立しなくてはなりません。

30万円　÷　50円　＝　6000個

固定費を消化後の貢献利益はすべて利益

つまり、150円の単価設定では、6000個分の製品で固定費がゼロとなり、つぎの6001個目の販売から貢献利益（〈変動費差し引き後の原価〉）はすべて利益になって残ってくることになります。

固定費を消化する貢献利益

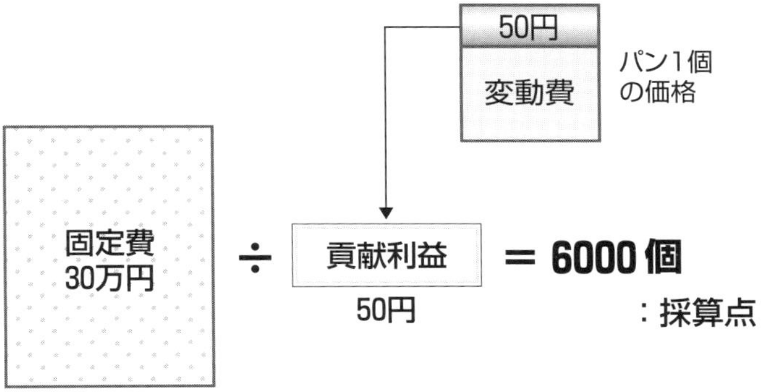

— しかし、最低パン8000個は売れるとすると —

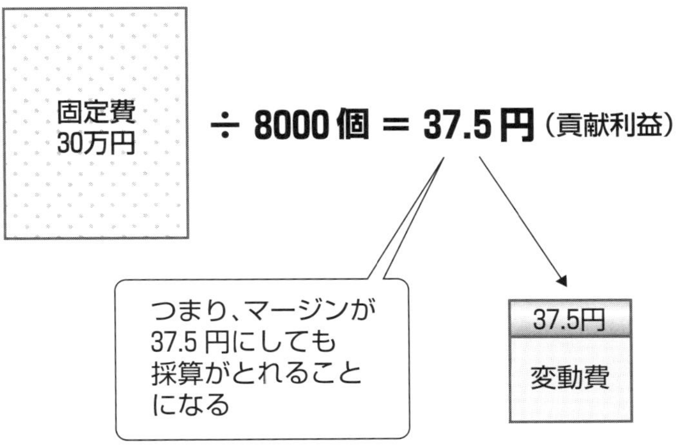

この結果、パンは1日最低200個（6000個÷30日）を売らなくてはならないことになりますね。

ここで、あるレストランから月2000個のパンの引き合いがあったとします。そうすると、店売りとレストランへの追加販売で、毎月8000個の売上が期待できますね。
その場合、パンの販売の採算はつぎのようになります。

30万円	÷	8000個	＝	37.5円
（固定費）		（期待販売個数）		（貢献利益）

つまりパンの売価は150円ではなく137.5円に設定しても、月8000個売れることが確実なら、とりあえず採算が取れることになります。8001個目からは、貢献利益（37.5円）は、そのまま利益となっていくことになりますね。

かりに店売りで7000個は売れると考え、全部で9000個売れるとすれば、毎月の利益は（9000－8000）×37.5円＝37500円――ということになります。

また、売価を少し上げればさらに利益は出ることになります。

少なくとも、レストランには37.5円以上なら、納品できると提案できますね。これなら、ほかのパン屋に勝てる値段かもしれません。

上のパン屋の例では、わかりやすいようにパンを仕入れて販売する場合を考えました。

ですから製造業の場合は、この場合の仕入原価を製造原価と考えて、貢献利益を出せばいいことになりますね。

貢献利益と採算の考え方

— 全部でパンが9000個売れるとどうなるか —

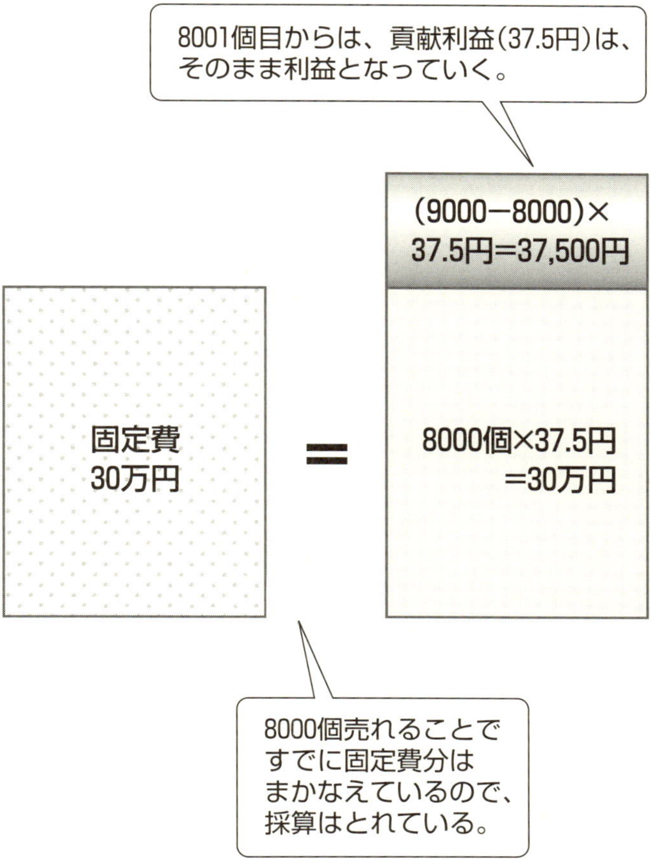
8001個目からは、貢献利益(37.5円)は、そのまま利益となっていく。
(9000−8000)×37.5円=37,500円
固定費
30万円
＝
8000個×37.5円
=30万円
8000個売れることですでに固定費分はまかなえているので、採算はとれている。

③ ペットショップの重点販売

複数の商品のどれを重点販売するか？

前節で見た貢献利益（変動費）と固定費を比べて、必要な売上高を計算していくという方法は、利益管理にさらに便利に使えます。

たとえば、いくつも複数の商品を扱う場合です。販売する製品によって変動費・固定費のバランスがちがうと、どの製品を重点的に販売するか考えなくてはなりません。その場合、直接原価計算は会社の販売戦略に欠かせません。

たとえばペットショップで、子犬、ドッグフード、獣医薬品を販売しているとします。このお店はどの商品の販売に力を入れれば、より大きな利益が出るでしょう？

子犬、ドッグフード、獣医薬品のそれぞれの原価の構成は、右の図のとおりです。

お店のオーナーがつい間ちがえてしまうのは、仕入価格だけ、つまり粗利益で商品の利益を考えてしまうことです。

３つの商品の仕入価格の割合の低い順、つまり粗利益率の高い順は、子犬＞獣医薬品＞ドッグフード——となっています。

しかし、正しい採算分析をしようとするなら、このような粗利益率だけで見ていくと、失敗する場合があります。

利益管理は仕入原価率でなく変動利率を見なくてはダメ

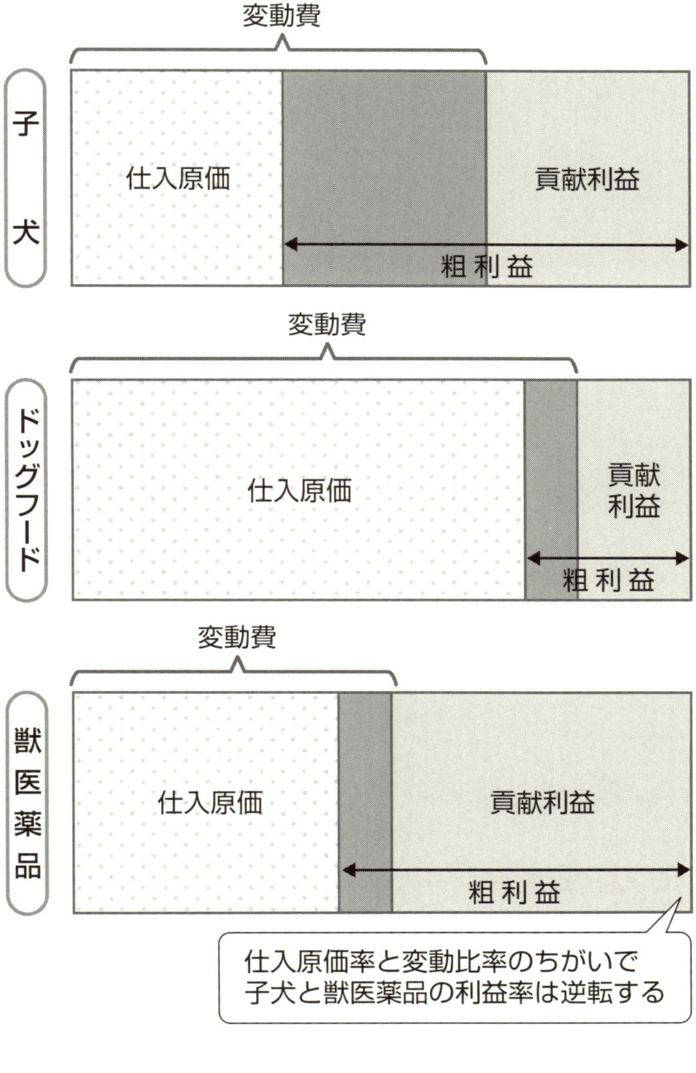

正確には、変動費率で見なくてはなりません。

変動費率の低い順で見ると、獣医薬品＜子犬＜ドッグフード――となります。

獣医薬品とドッグフードは、仕入価格の原価率がちがいますが、変動費のほとんどが仕入価格です。これに対して、子犬の仕入価格は最も安いのですが、売れるまで、ペットフードを与えたり、病気の予防注射や暖房費とかで、意外に変動費がかさむのです。このへんが、粗利益率と、変動比率のちがいとなってあらわれるのです。

貢献利益が大きいほど利益は出る

３つの商品のうち、最も変動費率が低く、固定費の負担をしてくれるのは獣医薬品で、「変動費差し引き後利益」（貢献利益）が最も大きいということになります。

獣医薬品は数を売れば売るほど「差し引き利益」（貢献利益）は大きくなり、固定費を負担し、消し去ってくれるのです。

貢献利益の大きいのは、ついで子犬、最後にペットフードということになります。つまり、子犬の粗利益率がいいということで、そちらにばかり目をやっていると、本当の利益商品を見逃してしまう、というわけです。

ただし実際の商売では、どの商品も同じように売れるわけではありません。獣医薬品は犬が病気にならないと必要でないので、最も売上ボリュームが大きいのはペットフードです。実際は総合的な経営判断が必要です。

仕入原価率と変動利率

仕入原価率の低い順 ＝ 粗利益率の高い順

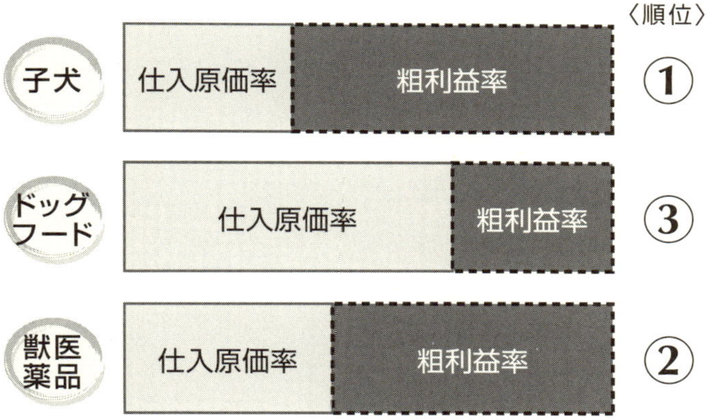

変動比率の低い順 ＝ 貢献利益率の高い順

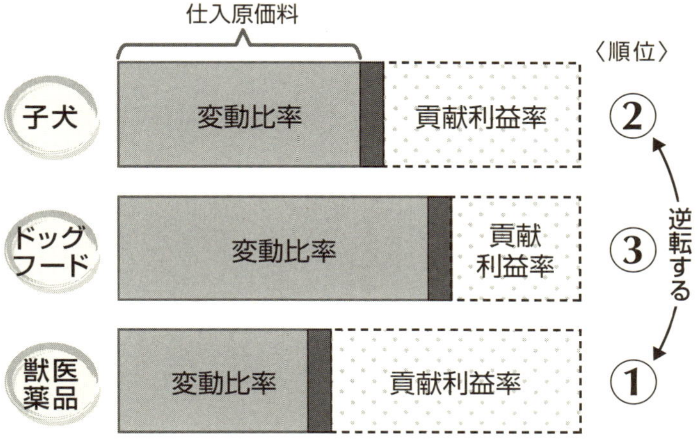

④ 固定費と変動費の振り分け方

減価償却の扱いや、人件費の仕訳がむずかしい

話があとになってしまいましたが、変動費と固定費がどういうものか、実際に数ある原価はどちらに分類するのか、ここで見ておきましょう。

何度も説明しましたが、製品・商品・サービスなどあらゆるビジネスには原価があり、この原価は変動費と固定費に分けることができます。

すでに見たように変動費というのは製品作りや商品仕入のために使っただけ必要な「使っただけ原価」です。固定費というのは製品や商品の数量とは関係なく、会社をやっている以上必要な「何が何でも原価」です。

具体的に、この「使っただけ原価」(変動費)に入るのは、原材料費の場合はその大部分で、買入部品費・外注加工費・水道光熱費の消費料支払分・荷造運賃などです。

原材料は製品を作っただけ必要な原価ですから、当然ですね。

また「何が何でも原価」(固定費)には人件費の大部分、工場、機械の減価償却費・本社の地代家賃や賃借料・水道光熱費の基本使用料分・保険料・試験研究費・広告宣伝費・福利厚生費・旅費交通費などの販売費・一般管理費——

固定費と変動費のイメージ

◇ 固定費をグラフであらわすと——

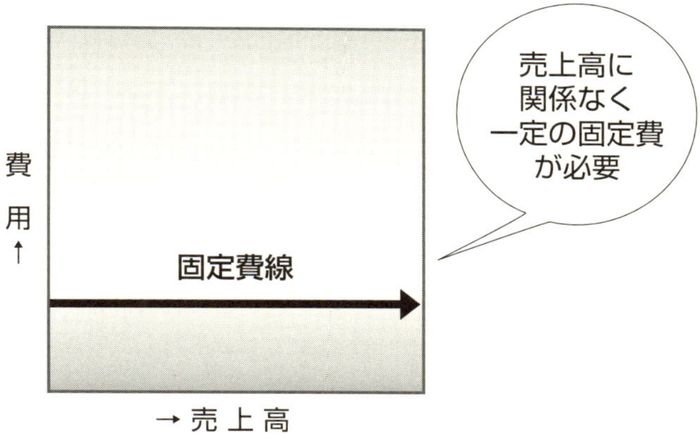

◇ 変動費をグラフであらわすと——

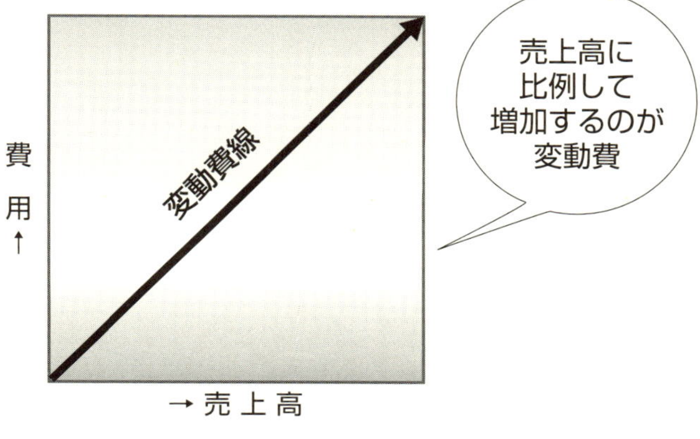

などが入ります。

これらは製品の製造が多いか少ないかに関係なく、必要な経費です。

人件費は分け方がむずかしい

しかし変動費・固定費の分類は、実はそれほど簡単ではありません。つぎに見るように手順を踏まなくてはならないもの、分類しにくい費用も数多くあります。

建物、設備、装置、機械は、減価償却費として年毎の原価・費用として計算し、固定費に分類します。

人件費も分類するのが難しい費用です。人件費といっても固定給ばかりでなく、生産量に応じて増える能率給・出来高給があり、賞与なども業績によって伸び縮みします。

最近は派遣社員などを使い、作業量によって人件費は増減するので、この場合は変動費扱いになります。

このように、人件費は固定費と変動費の要素が混在しています。さらに、日本はこれまで終身雇用制で人件費は固定費でした。しかし、アメリカなどは人件費は固定費という考え方はとっていません。

今後、日本もどんどんアメリカ式になって年俸制やアウトソーシングや臨時雇などが増加していくでしょう。人件費も、固定費と変動費の組み合わせとして大きく変化していくものと思われます。

固定費と変動費の分類例

原価		固定費	変動費
直接材料費	主要材料費		○
	買入部品		○
間接材料費	燃料代	○	
直接労務費	直接工賃金	○	○
間接労務費	間接工賃金	○	
	給与・賞与	○	
直接経費	外注費		○
	設計料	○	
間接経費	減価償却費	○	
	賃借料	○	
	電力料	○	○
	水道代	○	○
販売費	販売員給料	○	○
	荷造運賃		○
	広告宣伝費	○	
一般管理費	事務員給料	○	
	事務用品費	○	

注）両方に○印のあるものは両方のケースがある費目

第6章

損益分岐点分析とは
どういうものか

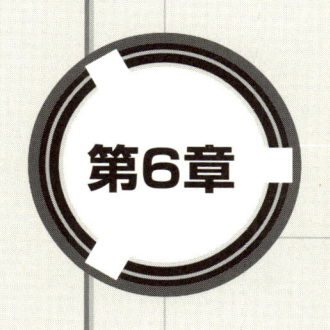

1 まずかんたんなグラフを作ってみる

損益分岐点分析は直接原価計算の延長

第５章で見た直接原価計算を、さらに発展させると損益分岐点分析になります。実際は、こちらの方が一般にはよく知られているものです。

この損益分岐点分析というのは、売上高がどこまが赤字で、どこからが黒字か、ということを分析する方法です。

損益分岐点には計算式がありますが、その前にグラフで損益分岐点を出してみましょう。そのほうが理解しやすいでしょう。

損益分岐点グラフを作ってみよう

つぎの設問から損益分岐点グラフを作ってみましょう。
［Ｔ社は昨年1000万円の売上を上げました。原価の構成は変動費が600万円、固定費は300万円、利益が100万円でした。このときの損益分岐点売上高はいくらでしょう］

つぎの手順で損益分岐点グラフを作ります。

①まず横軸に売上高、縦軸に費用をとった正方形を描きます。

②斜めに対角線を引きます。これが売上高線です。

③固定費が300万円なので、費用の300万円のところか

損益分岐点グラフを描いてみる

①対角線を引き
売上高線とする

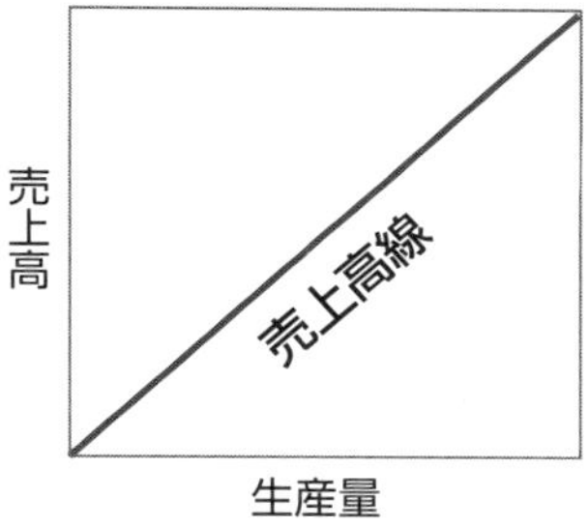

②固定費線の上に変動費線
を引くと総費用線となる

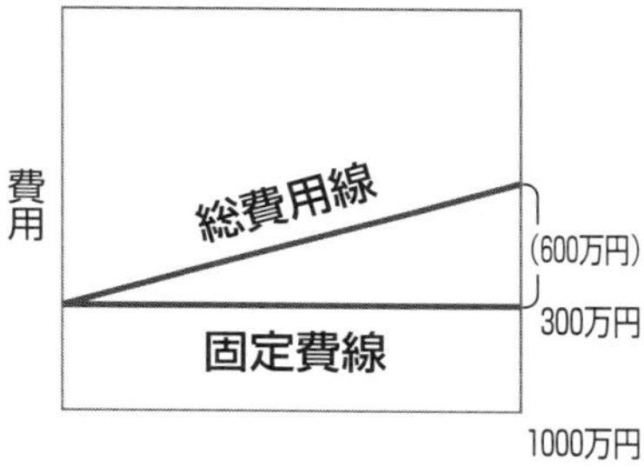

両方のグラフを合体する

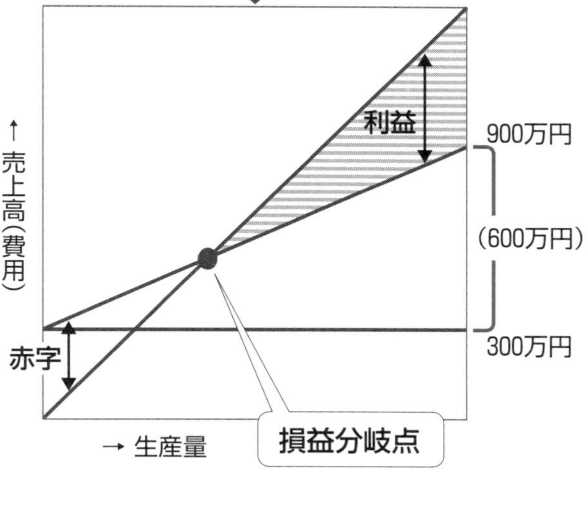

ら横軸に平行線を引きます。これが固定費線です。売上高の大きさにかかわらず常に必要な費用です。

④売上高1000万円のとき変動費は600万円だったので、前ページの図のように固定費300万円の上に600万円分をプロットします。そこから売上高ゼロ・固定費300万円のところへ線を引きます。これが変動費＋固定費の総費用線です。

⑤すると最初の売上高線と、この総費用線が交わります。交わったところが損益分岐点です。

グラフでは正確なところはわかりませんが、方眼紙などを使えば、おおよそ750万円あたりかな、と想像がつきます。きちんとした書類にするのでなければその程度で十分でしょう。

傾きのちがう費用の線と売上の線

このグラフが意味するのは、費用の線と売上の線が異なる傾きをもっていて、損益分岐点より左では、売上高＜費用となり、右では、売上高＞費用となることです。つまり左では赤字、右では黒字で、その変り目が損益分岐点ということになります。

注目したいのは、売上高が損益分岐点を越えて、大きくなればなるほど、利益の大きくなるスピードも加速度的に速くなることです。これと反対に赤字の場合は売上高が少なくなるほど、赤字幅も急速にふくらんでくることになります。

売上高と利益、損失の関係

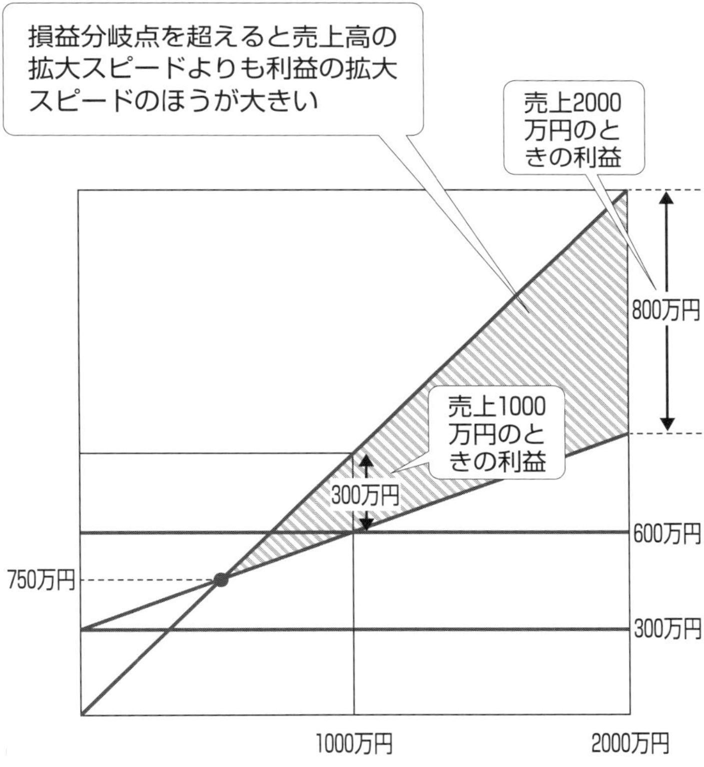

上の図では売上高が２倍（1000万円→2000万円）になると、利益は約2.7倍（300万円→800万円）になる。
逆に赤字の場合はこの反対となる。

②損益分岐点分析を計算式でやる

利益計画に欠かせない便利な方法

では、こんどは損益分岐点の売上高を計算式で出してみましょう。

損益分岐点売上高つまり、前ページのグラフのＰ点を示す計算式は、つぎのような公式を使います。

$$\text{損益分岐点売上高}=\frac{\text{固定費}}{1-\dfrac{\text{変動量}}{\text{売上高}}}=\frac{\text{固定費}}{1-\text{変動費率}}\cdots\text{㋑}$$

$$=\frac{\text{固定費}}{\text{限界利益率}}\cdots\text{㋺}$$

グラフを使って出したＴ社の損益分岐点を上の公式で出してみましょう。設定はつぎのようなものでしたね。〈Ｔ社の昨年の売上は1000万円。変動費が600万円、固定費は300万円、利益が100万円〉

これを式に当てはめてみましょう。

$$\frac{\text{300万円}}{1-\dfrac{\text{600万円}}{\text{1000万円}}}=\text{750万円}$$

つまり750万円がこのパン屋さんの損益分岐点売上高であり、それを超えれば黒字となり、それ以下なら赤字という計算になります。

変動費率とは変動費÷売上高

上記の計算は、過去の実績の売上高から、損益分岐点を計算したものです。

しかし実際のビジネスでは、過去の損益分岐点を出してみても仕方がありませんし、また利益計画では利益ゼロの点を求めるのではなく、これこれの利益をめざす、というふうに具体的な利益計画をたてるものです。

たとえばつぎのような設問です。

［原価の条件が変化しないとして、200万円の利益を出すには今期、いくらの売上高が必要になるか？］

この場合には変動費率という数字を使えばいいのです。変動費率は最初の公式の㋑として示していますが、**変動費÷売上高**で出す比率です。

変動費は売上高によって変わりますが、変動費vs売上高の比率（変動費率）は、原価の条件が変化しない限り、来期も今期と同じはずです。

このパン屋さんの場合、前期の実績から変動費率は600万円÷1000万円＝0.6となります。

さて、固定費の300万円と目標利益の200万円の合計は500万円です。この500万円を稼ぐ目標売上高を求めるのです。式はつぎのようになります。

$$目標売上高=\frac{300万円(固定費)+200万円(利益)}{1-0.6}=\frac{500万円}{0.4}$$

$$=1250万円$$

つまり、500万円（利益200万円＋固定費300万円）を稼ぐには1250万円の売上高が必要だということになりました。

前期は1000万円の売上高で100万円の利益でしたが、来期は売上が25％アップで、利益は倍の200万円になるという計算です。

前節でも言いましたが、売上高が損益分岐点を超えると、利益の伸びはとたんに大きくなります。

これは直接原価計算でも指摘していますが、貢献利益が固定費を消化し終わると、そのまま利益になってあらわれてくるからです。

逆に、売上が損益分岐点を下回ると、今度は赤字は加速度的に増すことに注意してください。

なお、152ページの式で示したとおり、**1－変動費率は限界利益率㋺**と言いかえることができます。この限界利益率は158ページで説明します。

設定した利益のための売上高を求める

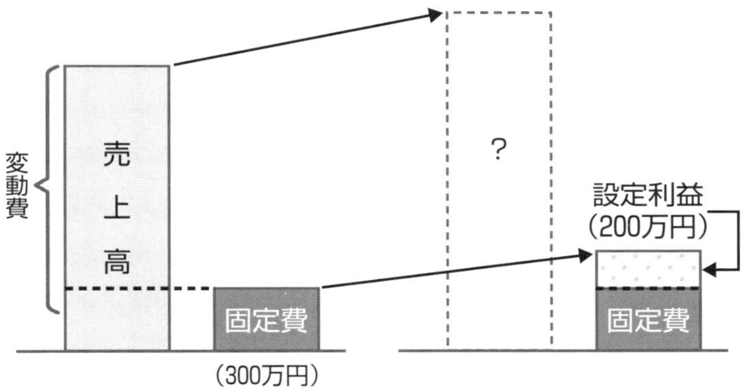

(損益分岐点ゼロのとき)(200万円の利益を出すための売上高は?)

設定した利益を得るための目標売上高を求める公式

$$\textbf{目標売上高} = \frac{\textbf{固定費} + \textbf{設定利益}}{1 - \textbf{変動費率}}$$

変動費率とは

$$\textbf{変動費率} = \frac{\textbf{変動費}}{\textbf{売上高}}$$

原価の条件が変わらない限り
一定である

3 変動費率でしっかり利益管理する

変動費率でどの商品が利益に有利かを見る

損益分岐点分析の締めくくりとして、変動費率や限界利益率（貢献利益率）の考え方にも、触れておきましょう。

変動費率とは先にも説明したように〈変動費÷売上高〉です。

$$\text{変動費率} = \frac{\text{変動費}}{\text{売上高}}$$

さまざまな製品・商品があり、どれが利益に有利に働くかを見る場合、この変動費率を見れば一目瞭然です。

つまり変動費率が高ければ、下のような公式の貢献利益が小さくなるわけですから、固定費の負担がなかなかできません。つまり利益が出にくいことになります。

$$\text{売上高} - \text{変動費} = \text{貢献利益（限界利益）}$$

大雑把に言うと、変動費率の大きな製品は、材料費や外注加工費のウエイトの高い製品ということになります。

しかしこれとは逆に変動費率が低ければ、貢献利益は大きくなって固定費をすぐに消化し、最終利益に回ります。つまり利益は出やすくなります。

変動費率が利益の出方を決める

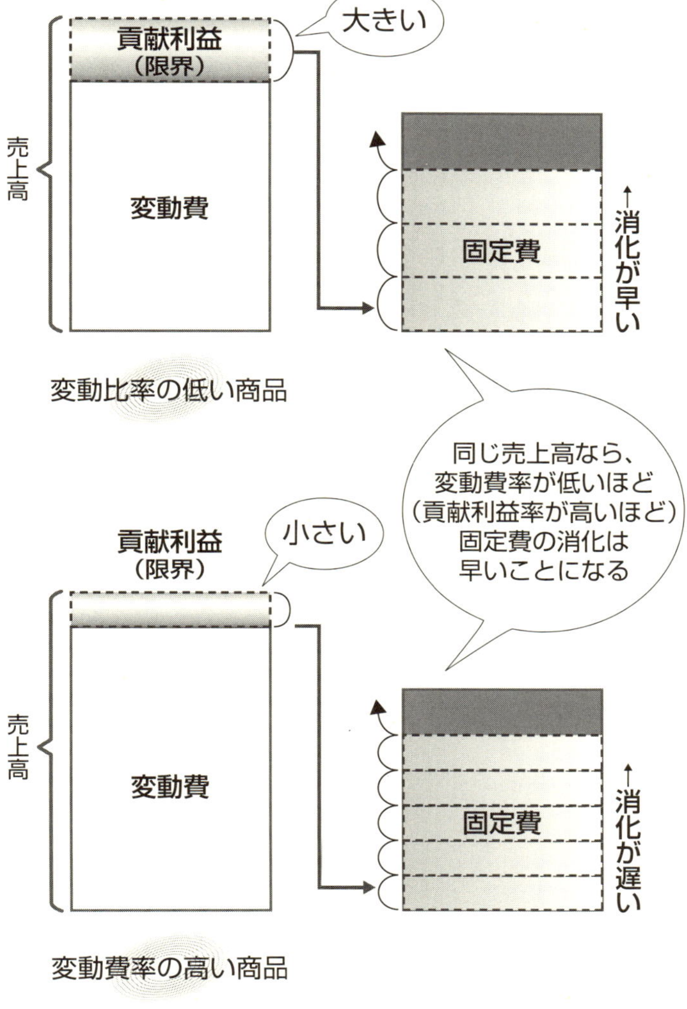

限界利益率は変動比率のとちょうど反対

なお限界利益率についても触れておきましょう。限界利益率は変動費率のちょうど反対の関係です。

下のように〈1－変動費率〉の計算式となります。152ページの損益分岐点の公式の（ロ）で示しているものです。

$$\text{限界利益率} = 1 - \text{変動費率}\left(:\frac{\text{変動費}}{\text{売上高}}\right)$$

限界利益率が高いということは、貢献利益が大きく、固定費や利益に回る分が大きいということで、利益も出やすいことを意味します。

この反対に限界利益率が低いと利益は出にくいということになります。

さきほどの変動費率の高い製品のイメージを逆にすれば、限界利益率の高い製品がどういうものか、イメージできるでしょう。つまり、売価に占める材料費や外注加工費などの割合が小さい製品、ということになりますね。

製品ごとの変動費率・限界利益率を見て、経営的な見地から、どの製品にシフトして生産・販売していくかを決めていくことをプロダクトミックスと呼んでいます。

事業の努力を、利益の出やすいものにシフトしていく賢い方法なのです。

製品ごとの変動費率に注目しよう

プロダクトミックス戦略

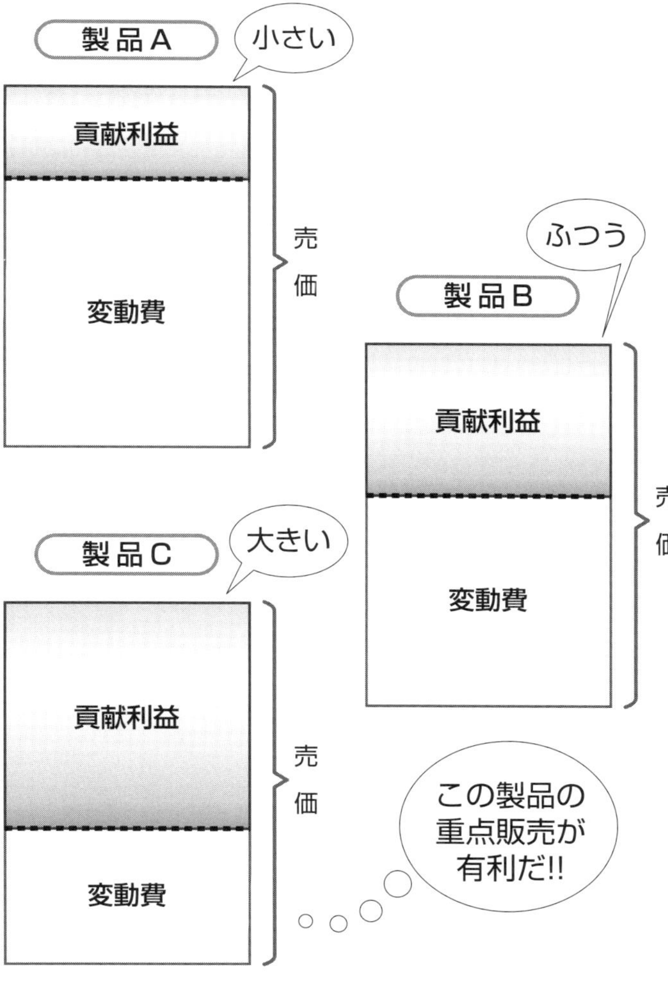

4 販売業の原価と利益を見る

仕入原価のコストダウンには限界がある

この節では、販売業やサービス業の場合に注意しなくてはならない、原価のしくみや利益管理の方法を見ていきましょう。

まず販売業の原価ですが、第１章の２節で見たように、つぎの仕入原価、販売費、一般管理費の３つから構成されています。

・**仕入原価**：仕入値、運賃、運送保険料、仕入手数料など
・**販売費**：販売手数料、荷造り運送費、運搬費、広告宣伝費、販売員、営業員の給与、手当、賞与、旅費交通費、交際費、光熱費、通信費、お店の地代家賃など。
・**一般管理費**：本社の地代家賃、経理、総務事務員の給与、手当、賞与、保険料、役員報酬

仕入原価は製造業の製造原価に当たるもので、販売費、一般管理費は、製造業の営業部の費用と同じです。

注意したいのは、仕入原価には商品の仕入値のほか、商品仕入の際の運賃や保険料、仕入手数料すべてが含まれていることです。

利益管理で製造業とのちがいを見ておきますと、製造業では製造過程でのコストダウン努力や数量効果で製造原価

自体を下げ、儲けを生み出すチャンスがあります。
しかし、販売業の場合はそうした余地は少なく、仕入原価は安く仕入れることで仕入値を下げるか、運賃や保険料を節約する程度しか方法はありません。
ですから販売業の場合では、仕入原価以外の販売費や一般管理費をいかに低減するかが、製造業以上に重要ですね。

輸入食品販売する販売会社の原価を見る

それでは、輸入食品を販売するＫ社のシミュレーションで、販売業の販売商品の原価を把握してみましょう。
Ｋ社は先月、6000個のカニ缶詰を300万円、1200kgの輸入牛肉を200万円で仕入れて販売しました。
営業マンの人件費は100万円、営業経費は50万円なので販売費は150万円でした。
総務・経理の事務員と役員報酬が60万円、その他管理費が20万円かかり、一般管理費は合計80万円でした。
このときカニ缶の原価はつぎのように考えます。

〈**仕入原価**〉：300万円（カニ缶6000個）

〈**販売費**〉：営業部人件費100万円、営業経費50万円（交通費・運賃・通信費・倉庫料）→合計150万円

〈**一般管理費**〉：総務・経理部人件費と役員報酬60万円、その他一般管理費（保険料・家賃他）20万円→合計80万円

以上の原価の集計で、営業費と一般管理費をカニ缶と牛肉にそれぞれ配賦、つまり割り振らなくてはなりません。
配賦の方法は両者の経費のかかり具合で行わなくてはな

りません。ここでは仕入原価の３対２を基準に割り振ることにしました。

そうすると、カニ缶に配賦されるのは一般管理費では80万円のうち60％の48万円です。

ただし、営業費は牛肉が冷凍保管などで経費がかさむこともあって、カニ缶の配賦は少し抑え、150万円のうち85万円としました。そうするとカニ缶の原価はつぎのようになります。

300万円（仕入原価）＋85万円（営業費配賦分）＋48万円（一般管理費配賦分）＝433万円

433万円÷6000個≒721.7円

商品の総原価、営業費の大きさなどを検討する

つまり、仕入原価が１個500円のカニ缶に営業費（販売費・一般管理費）をのせると総原価は721.7円でした。

ところでカニ缶は１個800円でスーパーに卸しました。１個80円弱の利益が出たわけです。

もう一方の牛肉の方の総原価と売価を出し、カニ缶と牛肉の利益の貢献度を考えることができますね。また、各経費・人件費のかかり具合を点検することも大事です。

数量をもっと売って、缶詰１個当たりの営業費を落とすという方策も考えられますね。このようにして、営業費の分析をしていけばいいでしょう。

販売業の仕入原価と原価計算

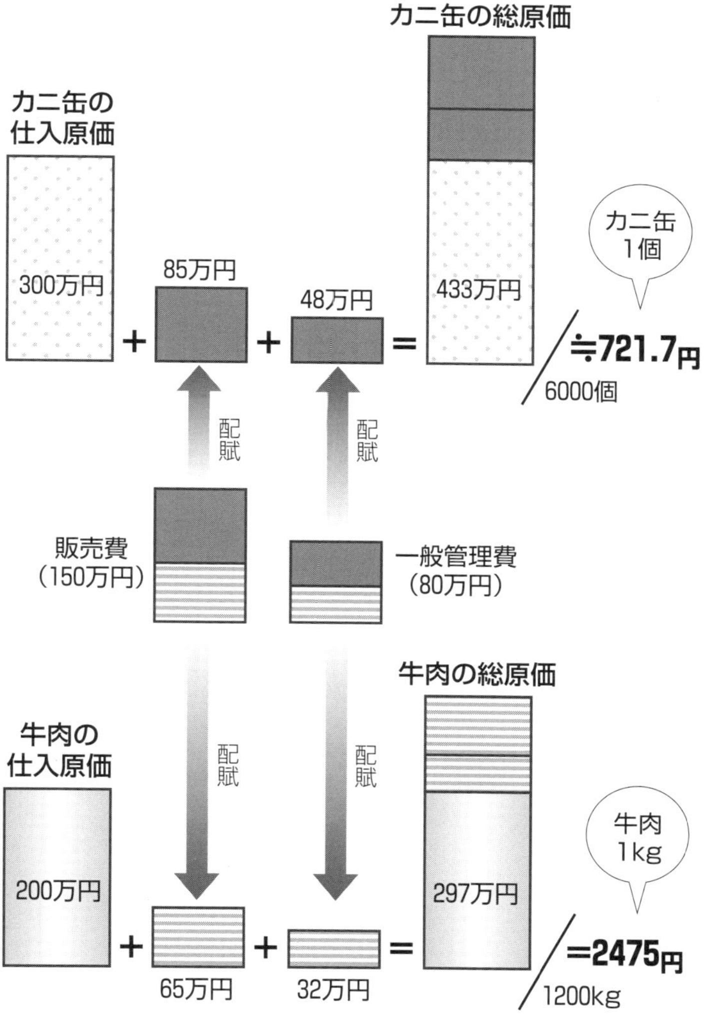
カニ缶の総原価
カニ缶の
仕入原価
300万円
85万円
48万円
433万円
カニ缶
1個
≒721.7円
6000個
配賦
配賦
販売費
（150万円）
一般管理費
（80万円）
牛肉の総原価
配賦
配賦
牛肉の
仕入原価
200万円
297万円
牛肉
1kg
=2475円
1200kg
65万円
32万円

5 サービス業の原価と利益

大きい人件費をどのようにコントロールするか？

最後にサービス業の原価のしくみ、利益管理のポイントも見ておきましょう。サービス業の原価のしくみの基本はつぎのようになっています。

（材料費）＋　人件費　＋　営業費　＝　総原価

サービス業とひと口で言いますが、ファミリーレストランなどの飲食業、コンピュータのソフトハウス、美容や理容業など実際にはさまざまな業種があります。

飲食のように材料を使う業種もあれば、まったく使わない整骨、整体などの業種もあります。したがって、業種によって、原価のしくみもケースバイケースなのです。

ただ、ひとつ言えるのは人件費が大きなウエイトを占めていることです。ですから原価を低減するには、効率的に人件費を取り扱うこと、さらに、販売業の場合と同じように販売費、一般管理費の営業費をいかに低減するか、ということになるでしょう。

では、販売業の原価のとらえ方をシミュレーションしてみましょう。製造業、販売業と大きく変わりませんので、原価のしくみがきっちり頭に入っている人は、この部分は読みとばしてもかまいません。原価の理解を確認する意味で、チェックしてください。

Ｒ外国語スクールの原価の把握は？

Ｒ外国語スクールは英語と中国語の講座を開いています。各講座の原価はいくらになるでしょう？

英語の講座は月280時間、最近の中国語ブームで中国語は250時間と多くなっています。受講料は１時間3000円で、そのつど払いです。

一方、原価のほうは月払いでイギリス人講師２人に40万円、中国人講師２人に35万円を支払っています。人件費はそのほかにも営業担当者と総務・経理の担当者に、それぞれ20万円、18万円を支払っています。原価をまとめるとつぎのようになります。

〈人件費〉　講師：40万円（イギリス人２人）、35万円（中国人２人）

〈販売費〉　営業担当者：20万円、広告宣伝費：５万円（チラシ・ＤＭ）→　合計25万円

〈一般管理費〉　総務・経理・運営担当者：18万円、家賃７万円、通信費・水道光熱費：５万円→合計30万円

英語講座の売上と総原価をまず見よう

ではつぎに、Ｒ外国語スクールの英語講座の売上と総原価を出してみましょう。

英語講座の売上高は、3000円×280時間＝84万円です。

つぎに原価は、英語講師の人件費40万円が直接費です。一方、間接費は販売費が25万円、一般管理費が30万円で営業費は合計55万円でした。間接費は英語、中国語の双方にまたがるので、講座時間数で配賦しました。

まず、総時間数は280時間＋250時間＝530時間でした。英語の時間数の割合は280時間÷530時間≒52.8％ですから、英語講座の間接費の配賦はつぎのようになりますね。

55万円（営業費）×0.528（配賦率）≒　29.1万円

つまり、英語講座の総原価はつぎのように計算できます。

40万円（講師代：直接費）＋29.1万円（間接費配賦分）＝69.1万円（総原価）

ここから、英語１時間当たりの原価は、69.1万円÷280時間＝2466円ということになります。

中国語講座の原価はどうか？

念のため、同じように中国語の原価も見ておきます。まず中国語講座の売上高は250時間×3000円＝75万円。

つぎに原価のほうは中国人講師の人件費35万円が直接費です。これに中国語の間接費配賦分（間接費総額－英語の間接費）25.9万円を加えると、総原価はつぎのように60.9万円になりました。

35万円　＋　25.9万円　＝　60.9万円

サービス業の原価と原価計算

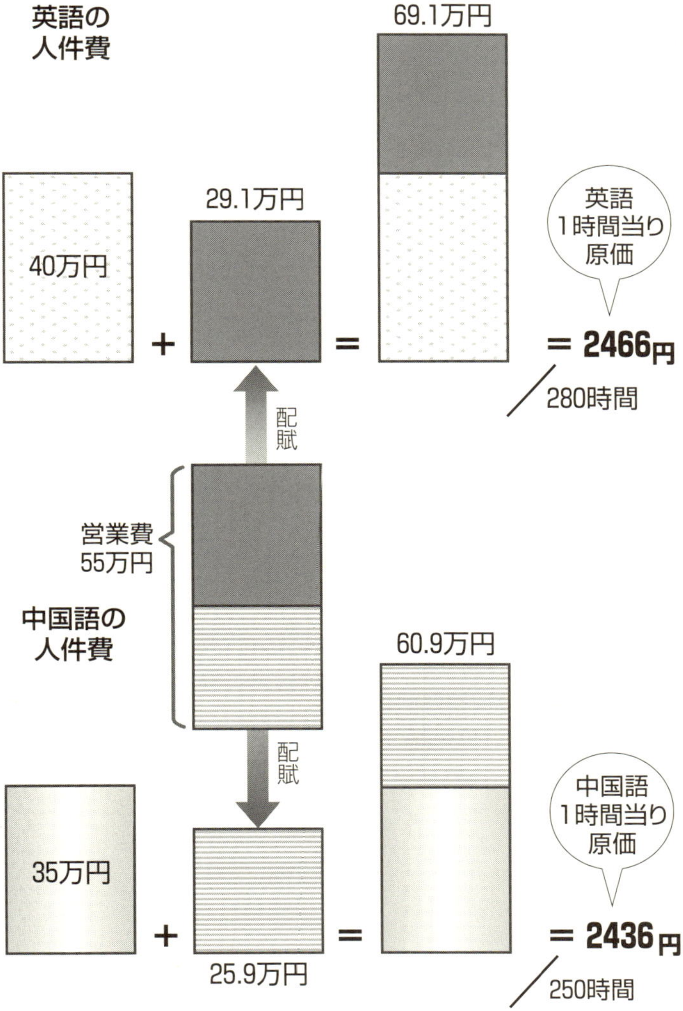

ここから、中国語講座の1時間当たりの原価はつぎのように2436円となりました。

60.9万円　÷　250時間　＝　2436円

英語講座の原価に比べて、講師の人件費が安い分、中国語講座の原価は安くなっています。

利益アップの方法は総合的な見地から

この結果からつぎのような戦略が考えられますね。

――利益アップのために、これからは人件費の直接費が低い中国語会話に重点を置いたほうがいいのかもしれない。

一方、一般管理費や販売費は主に人件費だが、これは講座時間が増えても増加しない。現在は講師代と営業費の構成は75万円対55万円だが、これでは営業費のウエイトが高すぎるので、改善が必要だ。講座時間数なんとかを増やして、配賦される営業費の割合を落とすか、営業費自体を担当者の兼務などで削減するか、といった対策も考えたい。

さらに、講師との契約は講座時間数にスライドさせる契約に変えてみる方法もある。ただし、いずれも、状況を総合的に見ていくことが必要だ。

――ざっと以上のようなものです。

原価のしくみの検討も必要

人件費の比較

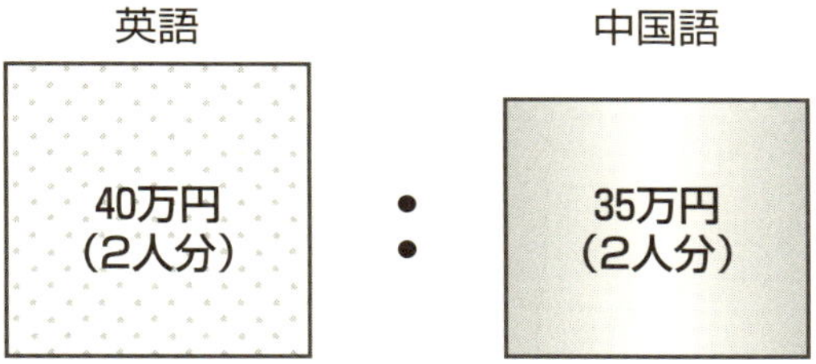

人件費と営業費の比較

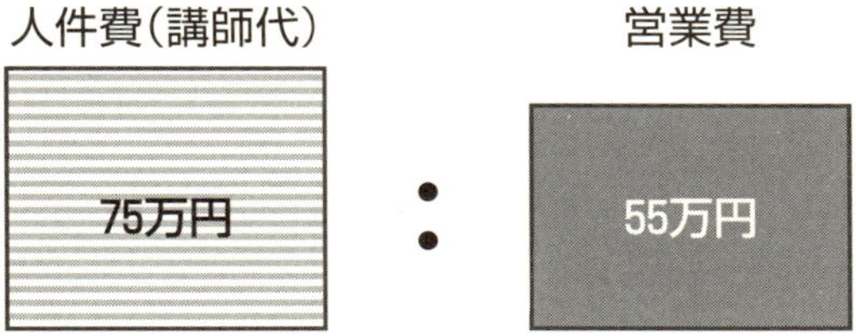

講師代：契約方法を変える

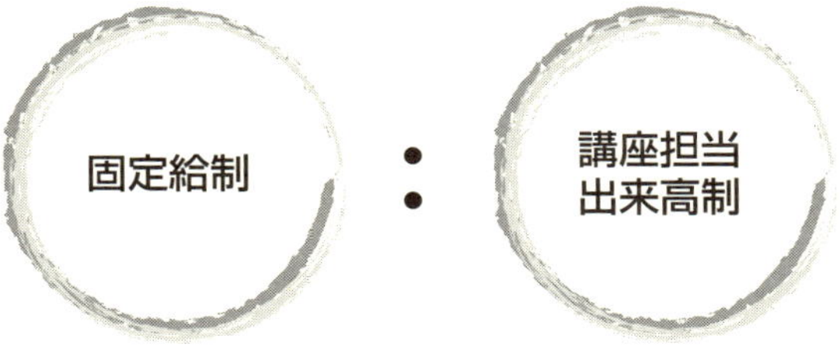

第7章

コストダウンに実際に取り組もう

1 総合的にコストをチェック

利益率、付加価値分析も使おう

原価の分析はこれまで見てきたいろいろな原価計算の方法でできると思います。

この節では、原価やコストをさらに大きな観点でチェックする方法、そして最終的な目標であるコストダウンの方法を見ていきましょう。

コストチェックを総合的な観点で行う方法には、つぎのようなものがあります。

①売上高と利益から収益性をチェックする
②付加価値の分析をやってみる
③人件費をチェックする各種の方法

売上高利益率でコストと利益をチェック

まず、売上高と利益から企業の収益性をチェックしてみましょう。

使う数字は損益計算書にすべてあります。売上高でどれだけの利益を得ているかを見るのです。このチェックは、コストがどれだけ低く、その結果、どれほどの利益を出しているかという目安になります。

指標としては、売上高対総利益率、売上高対経常利益率

利益をチェックする２つの比率

$$\text{売上高対総利益率} = \frac{\text{売上総利益}}{\text{売上高}} \times 100$$

$$\text{売上高対経常利益率} = \frac{\text{経常利益}}{\text{売上高}} \times 100$$

	比率の意味	比率の読み方	
		良	否
売上高対総利益率	この比率は売上高に対する割合を示すもので、とくに総利益をどれだけあげたかが経営の最終的な関心事で、収益性を判断するための基本的な一つの比率です。	○比率大 製造原価が売上高の割合に比べて低いため。	×比率小 製造原価が高いか、売価が低いため。
売上高対経常利益率	経営活動の結果の経常利益の状況を示すものです。この比率は営業外損益が多いか少ないかによって変化します。	○比率大 営業利益と営業外利益が大きいため。	×比率小 営業利益が少なく、営業外の支出が多いため。

の２つをチェックすればいいでしょう。売上高対総利益率は粗利益率のことです。業種によってばらつきがありますが、小売業なら３～４割、製造業で２～３割、卸売りや建設業は２割前後というのが平均的なものです。

売上高対経常利益率は会社の収益力の目安です。小売業で４～５％、製造業で２～３％、卸売業で２％弱が平均です。

付加価値分析は要するに労働生産性のこと

付加価値とは売上高から原材料や商品仕入額を差し引いたものです。たとえば、印刷会社が紙とインク100万円分で、150万円の印刷物を作ったとすると、50万円分の付加価値を得たことになります。

つまり、付加価値とは会社が事業活動で生み出した価値なのです。付加価値の中身は人件費、支払利息、賃借料、税金、利益などの合計です。原価のうち材料費、経費、仕入原価が安ければ、付加価値はアップすることになります。

そして、得た付加価値を従事した人数で割った「従業員１人当たり付加価値額」でチェックし、これを労働生産性とも呼んでいます。

つまり、いくら付加価値が大きくても、多人数で手間ひまをかけていては意味がありません。そこで従業員１人当たりで、どれぐらい付加価値を得たかを見るのです。

労働生産性の目安は業種によってちがい、製造業なら1000万円、小売業なら800万円、卸売業なら1300万円が平均です。

人件費は労働分配率でチェックする

コストの中で、人件費は大きなウエイトを占めています。原価では労務費や営業費の中の人件費なので、これを小さくすれば、コストは圧縮できますね。

人件費をチェックする指標は労働分配率です。労働分配率とは、人件費を付加価値で割ったものです。

人件費は支払うものですから、いくら付加価値が大きくても、稼いだものが人件費で、会社が支払ってしまって、残らなければ意味がありませんよね。

これも業種によってちがっていて、製造業や小売業なら、40～50％、建設業や卸売業は30～40％、ただし飲食業は70％前後です。一般的に50％が目安です。40～60％なら問題ありませんが、60％を超えると飲食業以外では十分な利益が出ない場合が多いようです。

ただし、注意してほしいのは、人件費は世間相場があって、付加価値を得た後、そのうちの半分を人件費に回すというようなものではないということです。

優秀な人材にちゃんとした人件費をはらって、しっかりした仕事をしている会社が利益を出しているわけです。人件費をカットして利益を出すというものではありません。そんなことをしていたら、優秀な社員はいなくなり、会社自体が危うくなってしまいます。ですから、労働分配率はあくまで、目安としてとらえてください。

2 コストダウンはビジネスの基本だ

原価標準を変えることが本当の意味

あなたの会社で、もしコストダウンが課題となっていないとしたら、そんな会社は1年先にはなくなっているかもしれません。

それほど、コストダウンは現代ビジネスに欠かせないものとなっています。

コストダウンはムダやロスをなくすこと。まずそれが第一歩なのですが、実際のところ、ムダやロスをなくすといっても、限界がありますね。

封筒を裏返して使ったり、コピーの裏表使ったり、新聞チラシの裏をメモに使ったり、節約の心構えは大切ですが、なにか、旧態依然とした“竹ヤリ精神”のような気がしますね。

日本の国際競争力はそんなことで強くなったわけではありません。

そうです。コストダウンの本当の意味は、生産や事業活動の方法を変えて、原価の発生の仕方を変えることによって、原価を削減しようとすることなのです。

ですから、いままでのやり方を変えることで改善を図るという、積極的な取り組み方が必要なのです。

コストダウンの本当の意味

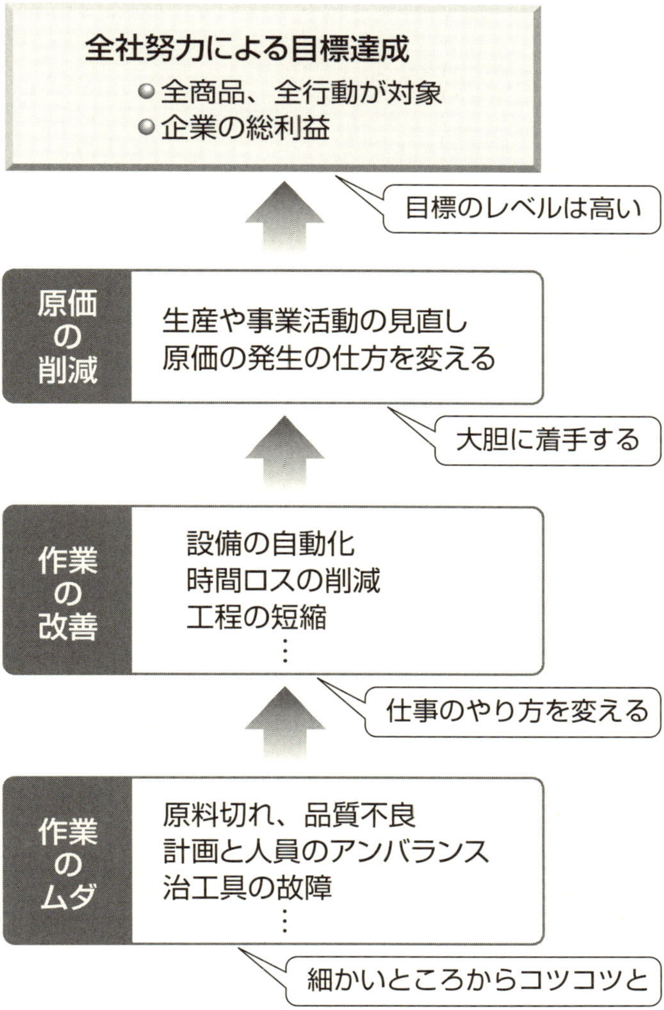
全社努力による目標達成
全商品、全行動が対象
企業の総利益
目標のレベルは高い
原価の削減
生産や事業活動の見直し
原価の発生の仕方を変える
大胆に着手する
作業の改善
設備の自動化
時間ロスの削減
工程の短縮
⋮
仕事のやり方を変える
作業のムダ
原料切れ、品質不良
計画と人員のアンバランス
治工具の故障
⋮
細かいところからコツコツと

各部門にコストダウンのネタはある

具体的な例で見てみましょう。

以下はあるメーカーの全社会議の様子です。各部門の担当者が出席して、それぞれの立場から、コストダウン策が提案されています。

社長「いま、わが社は厳しい経営環境下にある。このままでは、競争相手に負けてしまう。現状をうちやぶるコストダウン策をみんなで考えてほしいんだ」

仕入担当者「現在の仕入先では、もう限界があります。安い輸入品を扱いはじめた商社があります。ここを使って、大きなロットで材料を入れようと思うのです」

製造担当者「当社の今の設備では１日の生産量に限界があります。新しい設備にすれば、いまの1.3倍は作れます」

設計担当者「あたらしい方法を考えました。設計を変更すれば、もっとシンプルなしくみになって、10個あった部品が５個ですみます。その分、原価削減できます」

人事担当者「単純作業はパートの活用でカバーできます。それ以外も、アウトソーシングの派遣社員を活用すれば、忙しい時期と暇な時期の調整ができます。それができれば、暇な時期に余分の労働力を遊ばせているムダが省けます」

この会社は優秀な社員が多くて、本当の意味でのコストダウン策が提案されているようですね。

「原価標準」を設定しなおそう

前ページの全社コストダウン会議のように、コストダウンは結局、節約だけでできるものではありません。

実はコストダウンというのは、第４章で見た標準原価計算で　あるべき原価の基準である「原価標準」を設定しなおすことを意味します。

しかし「原価標準を設定しなおす」といっても、条件がそのままでは、同じ数字が出てくるだけなので、条件を変えることで、「原価標準」自体を変えようというものなのです。

先に見た例では、現在の仕入先をいくら叩いても、もう安くなるわけもないので、仕入先を変え、仕入ロットも変えるというわけです。

古い機械では、生産能力に限界があるので、これも新鋭機に変えるのです。

同じように、製品の仕組みを工夫して、設計変更で部品数を少なくすれば、その分のコストダウンを狙えばいいのです。

さらに人事や労務での改善、工夫もできるはずですね。従来の正社員のみに頼っていた組織を改めて、パートや派遣社員を活用して、労働時間の効率化をはかる方法もあります。

3 どの原価をコストダウンするか

大きい原価にまず目をつけよう

コストダウンを考える場合、一番大きい部分の原価をターゲットにすればいいでしょう。たとえばある製品の原価が材料費50%、労務費30%、経費20%だとします。

この場合、材料費を10%コストダウンできれば、全体コストは５%カットできることになります。ですから、大きい原価にまず目をつけてみるのです。

しかし、小さいからと言って見過ごしている場合もあります。ちりも積もれば山となるのたとえで、かんたんに見つけられるコストダウンも多いものです。

さらに、現場では、机上では考えられないロスやムダも見られます。注意すること以外に、単純ロスがどうしても出てしまう原因を追究し、それをなくすことも重要です。

なお、原価の中にも管理しやすい原価、管理しにくい原価があります。右の図を見てください。変動費、固定費、直接費、間接費のマトリックスで管理のしやすい原価、しにくい原価を示しておきました。

一般に、間接費より直接費の方が、また変動費の方が固定費より管理しやすいものです。そこで管理しにくい間接費や固定費を焦点に原価の管理をすることも大切です。

管理しやすい原価、管理しにくい原価

	直接費	間接費
変動費	○	△
固定費	△	×

○：管理しやすい
×：管理しにくい

固定費や
間接費は
管理しにくい

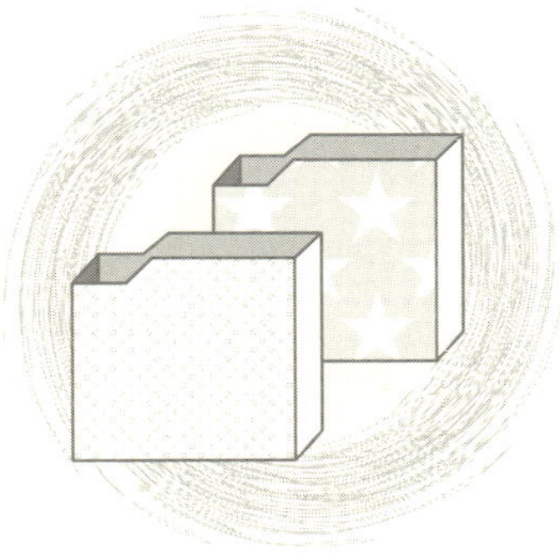

④ 各費目のコストダウンのコツ

材料費は数量、単価、歩留まりで対策

具体的に原価のコストダウン対策を見ておきましょう。

まず製造原価を対象にし、材料費のコストダウンの方法では、つぎのような３つの対策を考えてみましょう。

①原料、材料の消費量を削減する

②材料の単価を下げる

③歩留まりを向上させる

つまり、材料は量と単価と有効利用を考えれることです。

消費量を減らすには、たとえばパンの場合、ふっくら焼き上げて、同じ大きさのパンでも小麦の使用量を減らすということもできますね。

機械や装置なら、部品の数をまとめてしまって、減らしてしまうこともできるでしょう。そのほか、加工方法の改善やシステム化などがポイントです。

材料単価は調達先を変えたり、契約ロットを大きくして安く仕入れることもできますね。

在庫を少なくすることも、結果として、コストダウンになります。在庫が大きいことはその分、お金が眠っていることを意味しているからです。

歩留まりというのは、材料が有効に使われたかどうかと

いうことです。製品作りではどうしても出てしまうムダがあります。

サンドイッチなら、パンの耳は使わないので捨てますが、やむを得ないこととはいえ、歩留まりが悪いですね。もし耳のないサンドイッチ用のパンができれば、ムダはありません。

それは無理としても、耳はパン粉にして、調理パンの揚げ物に使えば、材料の小麦粉全体として歩留まりは向上しますね。

仕入原価は数量、チャネル、支払方法

今度は仕入原価を削減する方法を考えてみましょう。仕入れの場合は単価をいかに下げるかで、この方法はつぎの３つがポイントとなるでしょう。

①数量をまとめて仕入れる
②仕入チャネルを変える
③支払方法を考える

大量仕入すれば、単価も下がるでしょう。大量仕入は自社の努力で行う以外に、共同購入などの方法もありますね。

少しちがいますが、安い時期にまとめて購入するという方法もあるでしょう。

仕入チャネルを変える方法もあります。生鮮品なら産地からの直接仕入にしたり、あるいは加工品なら中国などのメーカーから仕入れる、さらに海外などの安い調達先を持つ商社などに、仕入先を変えるという方法もあるでしょう。

労務費、人件費のコストダウンは多面的に

労務費、人件費のコストダウンも重要です。これにはいろいろな方法がありますし、人件費はあらゆる場所で使われるので、各部署での検討課題です。

①労働時間のロス、ムダをさけ、効率化を図る
②パートや派遣社員などを有効に使う
③作業や業務のマニュアル化で作業水準の向上やムダをなくす
④年功序列賃金から、実際の仕事に見合った賃金体系、労働契約に改める
⑤作業自体を外注化し、トータルでコストを削減する

これ以外にもいろいろあると思いますが、いずれのコストダウンも、大切なのは社員の意欲と工夫であり、もうこれ以上無理だと思っていたことが、意外なアイデアでさらにコストダウンに進んだ場合も少なくありません。

わが国の国際競争力は、こうしたコストダウンのあくなき追及で培われてきたものなのです。

そして重要なのは、単なるコストダウンに終わらせずに、１人当たり売上高や付加価値率の向上をも目指した、多面的な考え方を持つことです。

人件費のコストダウンは多面的に

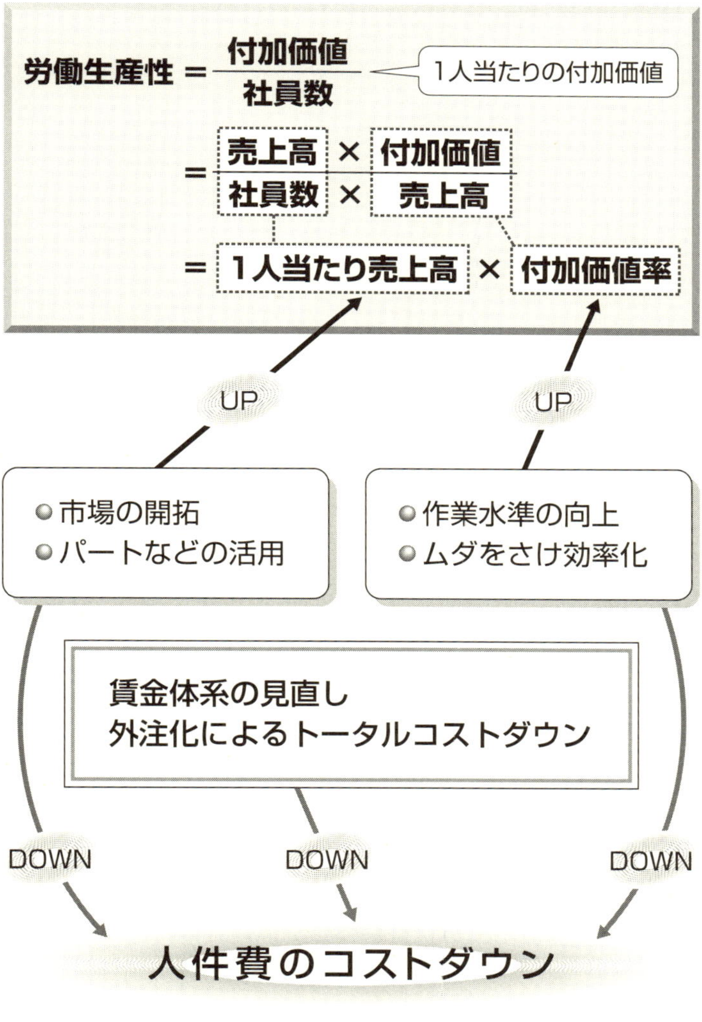

5 業種ごとにコストダウン策がある

コストの発生順位を調べてみよう

コストダウンはもうこれ以上できない、コストのすべてを把握できそうにない、などと思っていませんか。

たしかに決算書（貸借対照表、損益計算書）を見ると、たくさんのコストに関する費目が並んでいます。

しかし、費目を並べ替えたり、冷静にチェックしていくと、意外にコストダウンのターゲットについて気づくことは多いのです。

さまざまな業種のコストの中から、総原価に対して比率の高い原価のトップ３を調べてみましょう。

右の表のように業種によってちがいます。製造業なら材料費や労務費、流通業なら仕入れ代金、サービス業なら人件費が上位を占めています。業種・業態によってコストダウンのターゲットが異なってくるわけです。

さらに業種に関係なく見ると「ヒト」と「モノ」の２つが多くの業種に共通したテーマになっています。「ヒト」と「モノ」に関するコストを詳しく費目別に金額の多い順に並べてみると、もっとこまかいターゲットが見えてくるのです。

業種別原価構成要素トップ3（総原価構成比）

業種＼順位	1	2	3
製造業	材料費	人件費	外注費
卸売業	仕入代金	人件費	支払運賃
小売業	仕入代金	人件費	土地・建物賃借料
飲食店	仕入代金	人件費	土地・建物賃借料
ハイヤー・タクシー業	人件費	燃料費	減価償却費
一般自動車運送業	外注費	人件費	梱包材料費
ホテル・旅館業	飲食材料・商品	人件費	減価償却費

業種・業態は違っても
「ヒト」と「モノ」に
関するコストが中心

業種によってちがう変動費と固定費の割合

原価計算をしたり、自社の経営分析をするにあたって、さまざまな費用・コストを「何が何でも原価」(固定費)と「使っただけ原価」(変動費)に分けて考えるというのは、第5章でお話ししたとおりです。

この費用についても、業種・業態によって固定費・変動費の割合が異なっていて、つぎのような2つのタイプがあります。自社の実情を考慮して費用の割合を調べてみましょう。

①低変動費・高固定費型

製造業はこのタイプです。さらに人件費のウエイトの高いサービス業などの業種もこのタイプです。利益を出す基本的な手段は、固定費を削減することですが、不採算な工場や店舗を閉鎖することも良い方法かもしれません。大胆かつ、聖域を作らずにコストダウンをすすめてください。

②高変動費・低固定費型

流通業に見られるタイプで、損益分岐点を超えても利幅はさほど大きくなるわけではありません。利益を出す手段は、変動費率(売上高に占める変動費の割合)をいかに下げるかにかかっています。このようなタイプの会社では、仕入先・仕入ロットや運送ルートの見直しなどにより納入単価を引き下げることがもっとも効果的です。少しずつの努力が最終的な差となってあらわれるタイプと言えるでしょう。

業種により変動費・固定費のパターンがある

低変動費・高固定費型

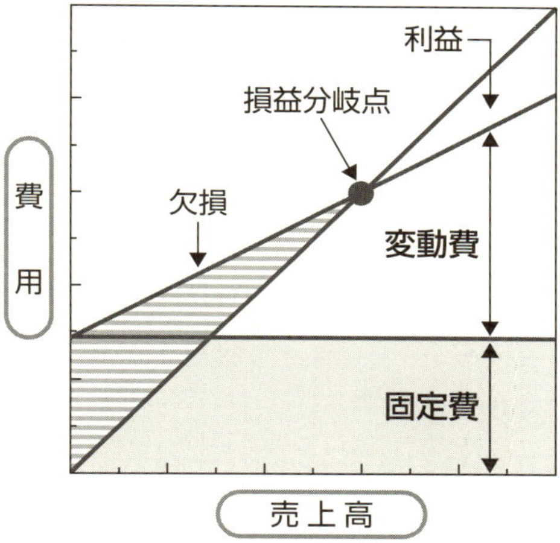

理想は「低変動費・低固定型」

高変動費・低固定費型

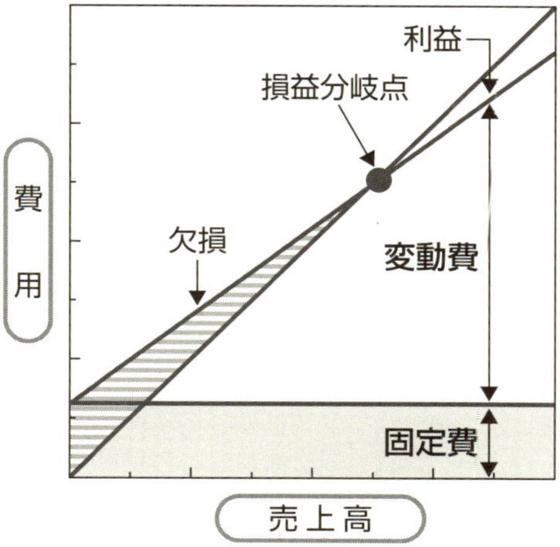

比較してみてはじめてわかる自社の弱み

以上のように、いろいろな観点でコストダウンを検討してきましたが、結局はなかなかコストアップの原因やターゲットが見つからないのが実情です。そういう場合、ほかのデータと比較してみるのもよいでしょう。

①前年度と比較してみる

自社の前年のデータ、前々年と比較してみることで、コストアップ要因が見えてくることがあります。たとえば、売上高と運送費の比率を調べてみることで、以前より少しずつコストが増加していて、思わぬところに原因が潜んでいたことに気づくことがあります。

②同業者と比較してみる

自社のデータだけでは、やはり調査範囲に限界があるものですが、同業他社のデータと比べてみると自社の強み・弱みが見えてきます。

たとえば、同業他社に比べて広告宣伝費の比率が多いということになれば、売上を伸ばすための広告宣伝費が効率的に使われていないことになります。

同業他社との比較データは書店やインターネットで入手できますので、探してみてはいかがでしょう。少し上級テクニックにはなりますが、この方法は埋もれたコストを削減して、どの部分のコストを活かしていけばよいか分析できます。

ほかのデータと比較してみる

(1) 前年度比較

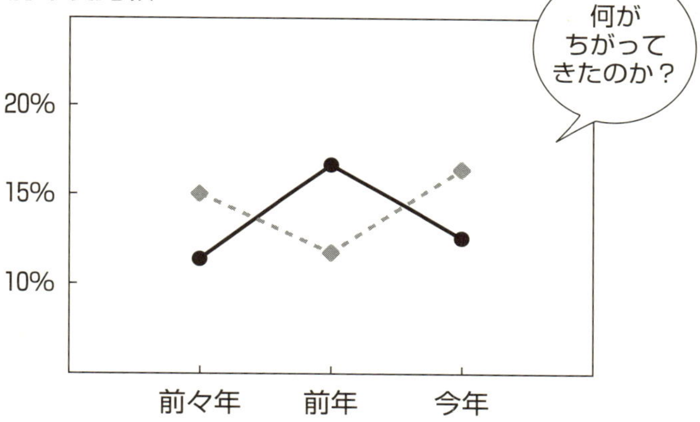

どこがちがうのか？

(2) 同業との比較

	業界総平均	当社	良否
経営資本対営業利益率	4.8(%)	4.3(%)	×
経営資本回転率	1.3(回)	1.4(回)	○
売上高対営業利益率	4.2(%)	3.9(%)	△
従業員１人当り年間生産高	22,799(千円)	23,831(千円)	○

【著者紹介】

木村 典昭（きむら・のりあき）

◉――1960年生まれ。東京都三鷹市出身。千葉大学理学部卒、中小企業診断士、システムアナリスト、情報処理システム監査技術者、特種情報処理技術者、オンライン情報処理技術者、CLP。

◉――㈱総合計画研究所、NTTデータ通信を経て、現在㈱ベストコミュニケーションズ取締役。経営コンサルタントとして活躍している。

【連絡先】

株式会社ベストコミュニケーションズ

〒156-0043　東京都世田谷区松原1-38-11ティーズビル

http://www.bcom.co.jp/

〈入門《にゅうもん》〉原価《げんか》のしくみと計算《けいさん》がわかる本《ほん》　〈検印廃止〉

2006年10月16日　第1刷発行
2009年3月23日　第2刷発行

著　者――木村　典昭Ⓒ
発行者――境　健一郎
発行所――株式会社かんき出版
東京都千代田区麹町4-1-4西脇ビル　〒102-0083
電話　営業部：03(3262)8011㈹　総務部：03(3262)8015㈹
編集部：03(3262)8012㈹　教育事業部：03(3262)8014㈹
FAX　03(3234)4421　振替　00100-2-62304
http://www.kankidirect.com/

印刷所――ベクトル印刷株式会社

乱丁・落丁本は小社にてお取り替えいたします。

ISBN978-4-7612-6387-4 C0034